本书编委会

李九鹏　罗清亮　杨晓雁
姚大伟　夏世锋　程倍元

跨境电商实务教程

王一明 等编

立信会计出版社
LIXIN ACCOUNTING PUBLISHING HOUSE

图书在版编目(CIP)数据

跨境电商实务教程/王一明等编. —上海:立信
会计出版社,2018.11
　　ISBN 978 - 7 - 5429 - 6014 - 6

　　Ⅰ.①跨…　Ⅱ.①王…　Ⅲ.①电子商务—商业经营—
教材　Ⅳ.①F713.365.2

　　中国版本图书馆 CIP 数据核字(2018)第 284994 号

策划编辑　　蔡伟莉　何颖颖
责任编辑　　何颖颖

跨境电商实务教程

Kuajing Dianshang Shiwu Jiaocheng

出版发行	立信会计出版社		
地　　址	上海市中山西路 2230 号	邮政编码	200235
电　　话	(021)64411389	传　　真	(021)64411325
网　　址	www.lixinaph.com	电子邮箱	lxaph@sh163.net
网上书店	www.shlx.net	电　　话	(021)64411071
经　　销	各地新华书店		

印　　刷	上海天地海设计印刷有限公司
开　　本	710 毫米×1000 毫米　　　1/16
印　　张	12.25
字　　数	182 千字
版　　次	2018 年 11 月第 1 版
印　　次	2018 年 11 月第 1 次
印　　数	1—1000
书　　号	ISBN 978 - 7 - 5429 - 6014 - 6/F
定　　价	36.00 元

如有印订差错,请与本社联系调换

推荐序

李九鹏　会长

上海跨境电子商务行业协会

东方航空物流有限公司　总经理

　　上海跨境电子商务行业协会在"互联网+"的时代应运而生,协会由东航物流有限公司等12家企业联合发起,并在2014年1月20日在中国上海注册登记成立,是中国第一家跨境电商行业协会。

　　跨境电商作为传统国际贸易的一种新颖业态出现,已经突破了原有的行业界限,以其多边化、直接化、碎片化、数字化且高频度的特性冲击着人们传统的商业逻辑。人们很难再以传统的概念来界定一家企业究竟是国际贸易公司、物流公司,还是高科技的IT公司,因为驰骋在跨境电商这片蓝海中的企业需要很强的整合能力。无论是企业的决策者还是运营者,乃至刚刚跨入这一行业的新手,或者准备投身进入这一行业创业的青年才俊,都一定要对这一借助互联网技术发展起来的行业先有个全面的认知。感谢上海对外经贸大学的客座教授,国际商务硕士生行业导师,上海东方久信集团有限公司副董事长王一明先生一直以来对上海跨境电子商务行业协会的全力支持,在他带领下编写的《跨境电商实务教程》深入浅出,把跨境电商的基本概念以及支撑这一行业的产业链,从国际贸易、国际物流到跨境支付等,从国际格局到中国各地在这一领域的发展,以及政府宏观政策的调整和未来的趋势、建议描绘得淋漓尽致,具有很强的可操作性,也为大家展现了一幅跨

境电商的全景图。

因此,无论是从上海跨境电子商务行业协会的角度,还是以东方航空物流有限公司总经理的身份,我都认为这是一本值得大家系统学习的有关跨境电商实务的书。

前　言

　　2008 年世界金融危机以来,世界经济增长速度缓慢,国际形势复杂多变,全球经济面临的不稳定性和不确定性日益增强,经济下行趋势明显。在此背景下,越来越多的商家不断开拓新型渠道。外贸渠道的持续转型为跨境电商发展提供了持续增长的动力。实践证明,电子商务的全球化浪潮,不仅引领传统的经济贸易方式走向变革之路,而且有力地推动了传统贸易进入新的发展领域。

　　随着互联网等高新技术的不断发展以及国际贸易的不断深化,作为一种新的外贸形式,以"小批量、高频次"为特点的跨境电商取得了快速发展,这与传统的进出口贸易形成了鲜明的对比。

　　随着"互联网十"经济的兴起,网上购物从根本上改变了人们的消费观念以及消费习惯,完全走进了人们的生活。如今,跨境电商已经成为中国经济发展的新引擎,也是未来国际贸易竞争的制高点。跨境电商年交易总额从 2010 年的 1.1 万亿元迅速增长到 2016 年的 6.3 万亿元,增长了近五倍。从某种意义上来讲,我国跨境电商开始进入了快速发展的黄金时期。

　　在跨境电商的交易额不断快速增长的同时,其占全国进出口贸易的比例也在快速地提高,已经成为推动我国对外贸易发展的重要引擎。2008 年,跨境电商交易额占进出口贸易交易总额的比例仅为 4.44%,2014 年交易额的占比就达到了 15.91%,交易占比的增速达到了 258%。

我国已经处于跨境电商的第一梯队。2016 年,我国对外贸易总额达到了 24.33 万亿元,跨境电商交易总额达到 6.3 万亿元,占对外贸易总额的比例达到了 25.89％,其中主导的仍然是出口跨境电商。2017 年,中国跨境进口零售电商市场的规模约为 1 113.4 亿元,增长率为 49.6％。根据艾瑞分析,未来几年,在政策基本面保持利好的情况下,进口电商零售市场仍将保持平稳增长。艾瑞预计 2021 年,中国跨境进口零售电商的市场规模将突破 3 000 亿元。

跨境电商通过互联网将不同国家和地区的产品汇聚在一起,使我国外贸企业能面向整个国际市场开拓各类业务,能够高效率地完成对产品的营销活动。同时,外贸企业跨境电商转型将有助于其增加销售渠道,拓展国际贸易市场。目前,速卖通、天猫国际、京东全球购等国内跨境电商平台不断崛起壮大,亚马逊、eBay 等国际电商巨头也积极抢占我国跨境电商市场。截止到 2016 年,我国跨境电商主体数量已经超过了 4 万,跨境电商成为最为活跃的商业形式之一。

跨境电商的发展同时带动了国内相关产业的发展,例如物流、计算机行业等,它们之间形成了一个相互促进、共同发展的良性经济循环。为了促进跨境电商行业的高速发展,自 2012 年 8 月商务部颁布《关于利用电子商务平台开展对外贸易的若干意见》以来,直到 2017 年,国务院及各大相关部委纷纷出台针对跨境电商行业的配套政策措施。据不完全统计,2012—2017 年,国务院办公厅、商务部、发改委、海关总署、质检总局、外管局、财政部及国家税务总局共出台近 40 份相关政策文件来鼓励和规范跨境电商行业。

跨境电商既有国际贸易特点,又有电子商务特点,属于交叉性课程。跨境电商行业的高速发展对相关人才提出了新要求。跨境电商人才一方面要具备扎实的国际贸易理论与实务功底;另一方面还要具备很强的跨境电商操作技能。基于此,本书坚持理论性和可操作性结合,从跨境电商基本理论、生态系统建设、跨境电商物流、跨境电商税收、跨境电商支付、跨境电商通关、跨境支付、跨境电商运营等方面,全面论述了跨境电商的操作技能和相关知识,旨在为培养复合型跨境电商人才贡献力量。

扫描二维码观看课程视频

目　录

第1章

跨境电商概述

随着互联网的普及和人民生活水平的提高,跨境电商开始成为一种新的贸易方式。作为一种新兴事物,跨境电商在中国出现较晚,自2010年开始,跨境电商才逐渐走入贸易领域。2013年之后,跨境电商发展迅速,交易总量逐年增长,且增长的幅度较大。

跨境电商定义

无论是投资还是融资，国内市场竞争已趋白热化，电商企业纷纷看准国际市场这一片蓝海，逐步布局跨境电商业务。在这个过程中，跨境电商是伴随着网络信息技术的发展兴起进而大规模发展的，是一种新的对外贸易方式。跨境电商对于整个电商行业来说，是促进发展的新引擎，跨境电商企业已经被推至全球市场这一风口。[①]

关于跨境电商的概念界定，国内外的文献基本都比较一致。跨境电商是跨境电子商务的简称，一般在交易中所提到的跨境电商，指的均是跨境电子商务。例如，O. Daxhelet，Y. Smeers(2006)首次对跨境电商的概念进行了说明，提出跨境电商脱胎于一种被称为"小额外贸"的外贸形式[②]。刘娟(2012)认为，2008年的金融危机是跨境电商发展的催化剂，数量小、批次多的订单逐渐取代长期以来的大额交易，是跨境电商发展的一个契机[③]。王外连、王明宇(2013)等认为，通常跨境电商是指不同国家或地区的交易双方，通过互联网以邮件或者快递等形式通关，数额小、次数多、速度快的新的国际贸易模式[④]。

本书综合国内外相关文献及实践，认为跨境电商(Cross Border E-commerce)指分属不同国境、关税区域的交易主体，通过互联网技术搭建的电子商务平台达成交易、进行支付结算，并通过网上传递下载或国际物流企业送达商品最终达成交易的一种国际商业活动。它实际上就是一种把传统国际贸易加以网络化、电子化的新型贸易方式。

相比于传统国际贸易模式，跨境电商是一种新型国际贸易业态，是电子商务和国际贸易互相结合的一种较为高级的形式。由于其涉及不同关境以及从一国企业到另一国终端消费者的漫长产业链和贸易链，再加上跨境电商呈现商

---

① 张建平,王默儒.跨境电商"买卖"全球——跨境电商:中国经济变革新引擎[J].互联网经济,2015(1):20-27.

② O. Daxhelet,Y. Smeers. European Journal of Operational Research,2006,Vol.181(3).

③ 刘娟.小额跨境外贸电子商务的兴起与发展问题探讨——后金融危机时代的电子商务及物流服务创新[J].对外经贸实务,2012(02).

④ 王外连,王明宇,刘淑贞.中国跨境电商的现状分析及建议[J].电子商务,2013(9):23-24.

品碎片化、主体碎片化的特征,其商业实现模式呈现多样性。[①]

　　跨境电商的主体主要分为三类:一是在网络上自建电子商务平台,并在这个平台上自营进出口买卖的外贸企业;二是利用第三方跨境电商平台进行电子商务进出口业务的企业;三是建设、利用互联网交易平台为其他外贸企业提供服务并收取费用的专业互联网公司。从跨境电商的定义中,我们不难看出,跨境电商的交易主体至少分属于两个不同的国家或者跨国经济组织,交易的主要中介是通过电子商务的网上平台,区别于传统的对外贸易,支付方式也主要采用了线上支付的方式。

全球电子商务现状

　　随着互联网技术的发展,世界经济模式进入网络经济时代,全球电商也得到了蓬勃发展,贸易额不断增加,现今已经成为国际贸易体系中至关重要的一环。全球电子商务的大格局是中国企业开展跨境电商的大背景。跨境消费品交易呈放量式增长,全球网购用户与全球网购销售额在 2010 至 2012 年之间实现了持续的增长,2012 年全球网购用户达到近 10 亿人,销售额超过 5 000 亿美元,且仍以每年超过两位数的增长率持续发展。当前世界贸易增速趋于收敛,跨境电商却依旧保持快速增长态势,可以说跨境电商依旧是一片蓝海。

(一) 全球网购者数量与网购消费金额快速增长

　　依托强大的互联网技术支持,全球互联网用户持续攀升,越来越多的人选择在网络上交易、购物。全球网购者数量从 2010 年起至 2015 年止始终保持每年 15% 左右的递增速度,而网购消费金额保持每年近 20% 左右的递增速度。中国跨境电商网上进出口交易数额在 2012 年达到了 150 亿美元,且数年保持了年均 30% 以上的增速。2016 年,全球网络零售额达 1.9 万亿美元,占总零售额的 8.7%,增长率为 23.7%。据 eMarketer 分析预测,2020 年网络零售销售

---

　　① 李金芳,陈夏林,吴来恩,等.M2B2C 跨境电商出口模式的产业功能及实现——以中国(杭州)跨境电商综合试验区为例[J].中共杭州市委党校学报,2015,1(5):90-96.

额(包含在线电商、拍卖、加油站销售和 C2C 交易形式在内的几乎所有零售销售额,但不包括旅游、门票和餐馆的销售额)将达到 40 450 亿美元,占全球零售销售额的份额将超过 14%,年复合增长率将超过 20%。[①]

(二)未来全球网购消费增长空间巨大

全球网购消费过去几年经历了快速的增长,但在各国网购消费占整体零售的比例仍然偏低,未来增长空间巨大。目前,衣物、家居用品、电子产品等品类的网上销售额绝对值较高,但在总销售额中仍然占比较低。2013 年 B2C 仅为全球零售总额的 5%,现仍有较多品类仍依赖于网下销售,网络销售未来开发空间巨大,线上线下融合是趋势。根据国际电信联盟的数据,2016 年全球的互联网用户数量达到了 35 亿人,其中至少有 17 亿人是全球 B2C 电商的使用者。当前全球电商市场保持着接近 15% 的年平均增长,预计到 2020 年交易规模将达到 3.4 万亿美元,同时全球电商消费群体也将超过 23 亿人。

(三)电子商务对 GDP 的增长具有较大贡献

电商对各国 GDP 的增长贡献较大,根据 Ecommerce Foundation 的预测,2017 年电商销售额占 GDP 的比重将有大幅度提高,比重排名依次为英国(7.9%)、中国(5.8%)、法国(3.9%)、韩国(2.9%)、西班牙(2.7%)、德国(2.5%)、美国(2.3%)、澳大利亚(1.9%)、日本、土耳其和意大利(均为 1.6%)。2017 年 12 月,在阿根廷布宜诺斯艾利斯举行的世界贸易组织第 11 次部长级会议期间,世界电子贸易平台(eWTP)与世界贸易组织(WTO)、世界经济论坛共同宣布,要成立一项主题为"赋能电子商务"的合作机制,汇聚来自政府、企业和其他各方的意见,为全球电子商务提供一座连接实践和政策的桥梁。

全球跨境电商发展格局

跨境电商为更多国家、更多企业、更多群体带来了新的发展机遇,是构建开

---

① 李蕊.全球电子商务发展的新趋势及对中国的启示[J].中国发展观察,2017(23):59-62.

放型世界经济的重要支撑。从全球视野来看,电子商务格局的主要特征为:欧美占主导、新兴市场增长快速、跨境电商发展潜力巨大(参见图 1-1)。因此,国际社会应以更前瞻的视野、更包容的心态、更协同的步调,促进跨境电商可持续发展。跨境电商已成为未来全球贸易的主要驱动力,也是全球数字贸易发展的主要推动者。

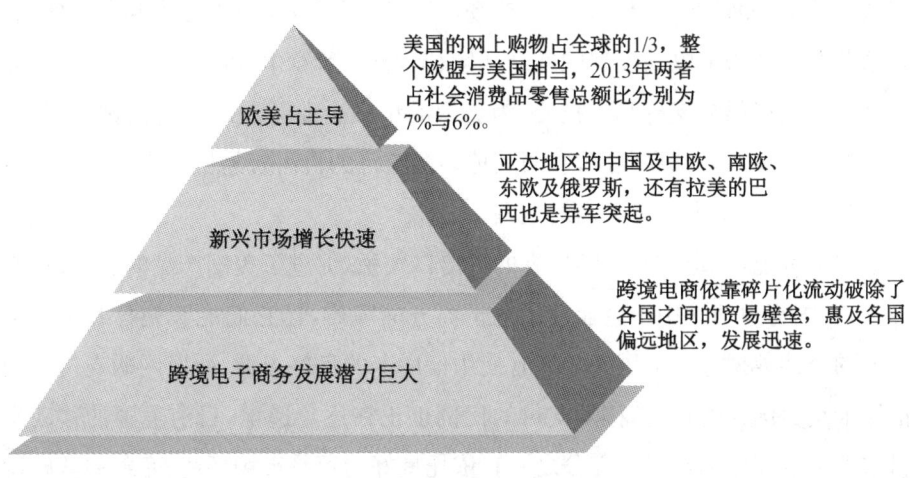

欧美占主导

美国的网上购物占全球的1/3,整个欧盟与美国相当,2013年两者占社会消费品零售总额比分别为7%与6%。

新兴市场增长快速

亚太地区的中国及中欧、南欧、东欧及俄罗斯,还有拉美的巴西也是异军突起。

跨境电子商务发展潜力巨大

跨境电商依靠碎片化流动破除了各国之间的贸易壁垒,惠及各国偏远地区,发展迅速。

图 1-1 全球电子商务发展格局

(一) 欧美强国仍占据主导

1. 美国电子商务市场

美国电子商务市场规模约占全球的三分之一,优秀品牌众多,由于美国较低的通货膨胀率,美国网站成为各国在线采购的主要目的地,美国是跨境电商最大的受益国。

2008 年金融危机发生后,美国消费者的收入增长趋缓,美国人通过网络采购国外低价产品的趋势明显。美国居民数量为 3.15 亿人,网民数量达 2.55 亿人,拥有 1.84 亿的在线购买者,2013 年美国的在线零售金额为 2 620 亿美元,比 2012 年增长了 13%,美国在线零售行业的从业人员超过 40 万人,随着手机等移动设备的普及应用,预计美国在 2017 年的电子商务零售额将达到 3 700 亿美元,目前美国 88% 的网民都在网购,且这一比例在继续上升。

北美地区互联网用户占总人口的比重全球最高,美国人网上购买最多的物

品是书籍、电影及音乐制品(数字产品以网络形式传播下载涉及国际数字贸易规则,不在 GATT 管辖范围内)、服装及配饰,网络购物已占零售总额的 7% 左右。进入移动互联网销售阶段后,这一比例将明显高于 7%。美国是全球电子商务发展最为成熟的国家,同时也是跨境电商的积极推动者和倡导者。

美国是自由市场经济国家,政府强调市场化原则,不对跨境电商进行过于细致的管理,而是通过营造良好的市场环境,发挥市场主体的活力和主导作用,包括营造适合跨境电商发展的社会环境、舆论环境、竞争环境、管理环境和服务环境。美国提倡与支持私人投资,为美国的小微企业开展跨境电商排除阻碍。美国非常重视对外贸易制度,在与其他多国签订的自由贸易协定中都增加了电子商务条款,以扩大跨境电商的范围。

在关税上,规定彼此免除对方的进出口关税,促进了美国产品的出口;在服务上,美国努力消除中小企业使用电子商务的障碍,让它们能够充分共享电子商务的公共数据等。美国人长期有使用信用卡的良好习惯,所以网购支付使用信用卡是美国人的首选,移动支付的比例也正在逐年递增,目前美国的移动支付占到了全球移动支付的三分之一。依托良好的贸易市场环境、完善的基础设施和适宜的制度,美国无疑成为世界跨境电商领域的领头羊。但随着特朗普总统的上台,美国逐渐对电商的发展采取了消极并加以限制的态度,而这一切都是徒劳的,根本无法逆转互联网技术应用在商业领域中引发的创新,电商发展是大趋势。

2. 欧盟电子商务市场

欧盟电子商务市场规模与美国大体相当。欧洲电子商务市场可以分为成熟的北部市场、增长迅速的南部市场和新兴的东部市场。主要国家为:英国、德国、法国、西班牙;其中英国、德国和法国三国占到欧洲电子商务市场交易总额的 60% 以上。2012 年欧洲 B2C 电子商务交易金额达 3 000 多亿欧元。欧洲总计有 5.3 亿互联网用户,2.59 亿在线购物用户,电子商务为欧洲贡献了大约 5% 的 GDP。2015 年,欧洲地区跨境电商销售增长了 104%,主要来自俄罗斯市场。

欧盟执行委员会为了刺激多渠道的电子商务发展,在供应商与消费者之间引进了一种快速责任制,对消费者进行保护,目的是让消费者对网上消费具备信心。预计电子商务为欧洲经济的贡献度在五年内可以从目前占据 5％ 的 GDP 上升至占据 10％。而英国无疑是欧洲电子商务的驱动者，它引领了欧洲电子商务的潮流，同时为失业率居高不下的欧洲市场创造了不少就业机会。

3. 日本电子商务市场

日本尽管地处亚洲，电子商务交易金额增长率每年也都在两位数以上，把日本放到欧美电子商务强国的位置中也就不足为奇了。在日本，Rakuten.co. jp、Amazon.co.jp 和 Nissen.co.jp 是占主导地位的网上购物平台，服装和食品都是日本 B2C 电子商务最热门的产品类别。人们也越来越多地使用智能手机进行网络购物。[①]

（二）新兴经济体市场快速增长

1. 欧洲地区新兴市场电子商务

欧洲地区新兴市场电子商务按增长速度排名前五位的国家分别是：土耳其、希腊、乌克兰、匈牙利、罗马尼亚。东欧和南欧是欧洲电子商务增长速度最快的地区。南欧地区 2012 年交易金额为 3 000 多亿欧元，增速接近 30％，占欧洲电子商务市场的 10％ 以上；东欧地区 2012 年交易金额为 1 300 多亿欧元，增速超过 30％，占欧洲电子商务市场的 4％，主要由俄罗斯带动。俄罗斯电子商务市场交易金额在 2011 年是 70 多亿欧元，而在 2012 年是 100 多亿欧元，年增长率为 35％。根据阿里巴巴的研究数据，俄罗斯 2015 年电子商务市场总额将超过 300 亿美元。

2. 亚太地区电子商务

亚太地区 B2C 电子商务一直在快速增长，并且是潜力最大的地区。在韩国，B2C 电子商务占零售总额的比重已经达到 6％，主导电子商务平台是 market.co.kr 和 11st.co.kr，主要交易的是消费旅游服务、服装和时尚类产品。在澳大利亚，2012 年有超过 80％ 的人使用互联网，超过 50％ 的人进行网购，到 2016 年底网上销售的增长速度都保持在 20％ 左右。在印度，互联网消费者于

---

① 鄂立彬，黄永稳. 国际贸易新方式：跨境电子商务的最新研究[J]. 东北财经大学学报，2014（2）：22-31.

2012年达到1.5亿人,而2015年达到了3.8亿人,但在线零售业只占整个零售业的0.1%,远远低于中国的2.9%和美国的7%,增长潜力巨大。印度政府目前正在考虑对外资开放,并且已经批准Amazon建设大型仓库来为第三方存储商品。

3. 拉丁美洲电子商务

拉丁美洲电子商务的交易金额已由2002年的16亿美元增加到2012年的430亿美元,仅巴西一国的交易金额就占到了拉丁美洲交易总额的59%。巴西近五年在电子商务交易额的增长速度基本都在18%以上,符合全球平均增长的速度。这主要也是得益于互联网技术的普及应用。在进入移动互联网时代后,增长势必进一步加速。B2C电子商务市场增长比较快的还有非洲,2012年埃及20%以上的互联网用户都在进行网购,摩洛哥有超过一半的人使用互联网。Ystat.com报告显示,B2C电子商务正在南非兴起,有优惠券的网站和旅游特别受欢迎。在非洲,尤其是南非,随着智能手机渗透率的提高,移动电商和移动支付市场有望实现快速增长。总的来看,新兴国家轻工业不发达,这正好与中国制造产业形成互补,选择新兴目标市场是中国企业发展跨境电商的新机遇。

(三)全球跨境电商发展空间巨大

美国的跨境电商十分发达,以亚马逊为例,其销售额由2001年的25亿美元增加到2012年的610亿美元,其中,43%来自北美以外的其他地区。2012年跨境网购消费在欧洲增长明显,占到在线零售总额的10%。有14%的欧洲企业通过网络将商品卖到国内市场;有6%的企业通过网络将商品卖到欧盟其他国家的市场。德国的邻国奥地利的跨境网购消费者使得德国网上零售商一直受益。

跨境B2C电子商务在西班牙很流行,西班牙消费者从海外网站进行网购,西班牙的网上卖家也把自己的商品卖到国外。2012年俄罗斯跨境在线零售额就已经达到20亿美元,2013年初俄罗斯邮政公布2012年其境内来自海外的邮政小包数量增加了一倍,2013年前三个季度俄罗斯接收了约216万份包裹,其中70%来自跨境在线零售。[①]

---

① 李蕊.全球电子商务发展的新趋势及对中国的启示[J].中国发展观察,2017(23):59-62.

中国跨境电商发展

根据艾媒咨询的数据统计,2016 年我国跨境电商交易总额达到了 6.5 万亿元,占全国电商总交易额的 31%,在我国对外贸易总额中的占比达 26%。在跨境电商交易总额中,出口电商交易额占了主要部分,达到了 5.2 亿元,占比 80%,进口电商交易额 1.3 万亿元,占比 20%;跨境 B2B 交易额达到了 5.39 万亿元,跨境零售交易额也首次突破万亿元大关,达到了 1.11 万亿元。根据中投顾问预测,2018 年我国跨境电商交易总额将达到 10.1 万亿元,未来五年(2018—2022)年均复合增长率约为 23.12%,2 022 将达到 23.3 万亿元(参见图1-2)。

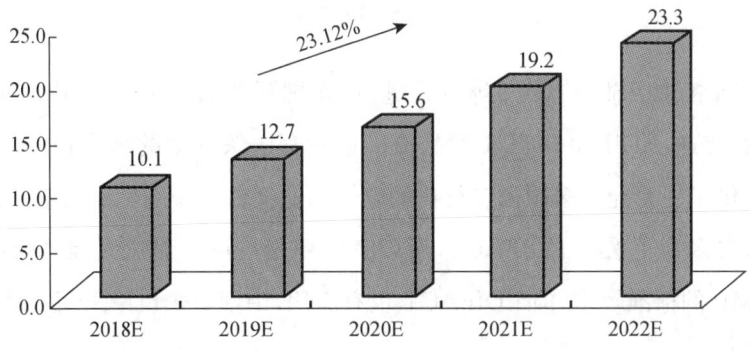

图 1-2　2018—2022 年中国跨境电商交易总额预测(单位:万亿元)

数据来源:中投顾问产业研究中心

中国跨境出口电商脱胎于跨境贸易,最早的跨境贸易基本是通过线下交易形式完成的。从整体上来看,中国跨境电商的发展经历了 4 个主要阶段(参见图 1-3)。

(一)起步阶段(1998—2001 年)

电子商务于 20 世纪 90 年代前后在我国出现,由于通信技术发展水平的限制,这一时期的电子商务仅局限于极小的范围内,其交易也只能通过电讯、电

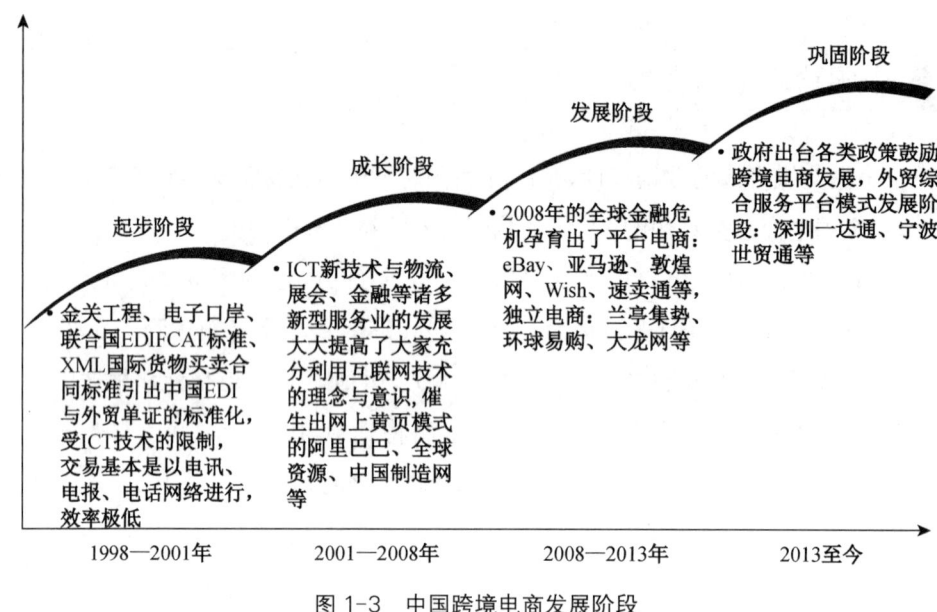

图 1-3 中国跨境电商发展阶段

报、电话网络(如 ISDN 拨号)等方式进行,在国际贸易交易中采用 EDIFACT 标准进行传递,EDIFACT 其实就是提供了一套语法规则的结构、互动交流协议,并提供了一套允许多国和多行业的电子商业文件交换的标准讯息。在北美和欧洲,很多企业采纳 EDIFACT,所以其应用很广泛。而亚太地区目前使用基于 XML 的标准较多,但 EDIFACT 也有应用,中国电子口岸采用 XML 标准进行传输。

(二) 成长阶段(2001—2008 年)

随着 ICT 技术的创新与发展,在商业模式创新驱动下,互联网技术带来了网商的崛起。电子商务的发展势不可挡,社会大众纷纷开始自主学习新技术与新商业模式。同时电子商务也间接带动了信息产业、家电、物流、展会、金融等诸多行业的发展,电子商务从技术到理念上得到迅速发展。中国制造为中国产品出口海外提供了一个发展电子商务市场的良好机会,其双向信息沟通、灵活的交易手段和快速的交货方式等特点,给社会带来了巨大的经济效益。随着其对现代服务各行业的逐步渗透,及其所催生出的新型服务业态,电子商务为企业的生存和壮大提供了重要的竞争手段。

（三）发展阶段（2008—2013 年）

在社会生活变革的驱动下，新商业模式走向成熟，网络应用也日益盛行，社会结构、生活方式、文化心理逐渐变迁。网络购物成为一种生活方式。在未来几年中，随着青少年网民年龄的增长和收入的增加，网络购物将进一步渗透到网民之中，并将逐步成为社会商品与服务的重要方式。

（四）巩固阶段（2013 年至今）

从 2013 年 7 月起，国务院、国家发改委、商务部、海关总署、国家质检总局（2018 年 4 月已经合并进入海关总署）、中国人民银行、国家外汇管理局连续密集地出台了一系列促进跨境电商发展的政策文件，累计近 30 份之多，各地方政府也相继跟进推出各种政策及实施细则。国务院于 2013 年 7 月出台《关于促进进出口稳增长、调结构的若干意见》，主要内容为：提出积极研究跨境电商方式出口货物所遇到的海关监管、退税、检验、外汇收支、统计等问题，完善相关政策，抓紧在有条件的地方先行试点，推动跨境电商的发展。2013 年 8 月，国务院办公厅转发商务部等部门《关于实施支持跨境电商零售出口有关政策意见的通知》，主要内容为：明确发展跨境电商对于扩大国际市场份额、拓展外贸营销网络、转变外贸发展方式具有重要而深远的意义；提出了海关、检验、结汇、支付、退税、信用 6 个方面相关的具体措施。

2014 年 10 月发布的《国务院办公厅关于加强进口的若干意见》提出：大力发展进口促进平台，抓紧总结试点经验，按照公平竞争原则，加快出台支持跨境电商发展的指导意见。

2016 年 1 月国务院发布《关于同意在天津等 12 个城市设立跨境电商综合试验区的批复》，主要内容为：同意在天津市、上海市、重庆市、合肥市、郑州市、广州市、成都市、大连市、宁波市、青岛市、深圳市和苏州市 12 个城市设立跨境电商综合试验区，加上最早的杭州跨境电商综合试验区，设立试验区的共计达到 13 个城市。

2018 年 7 月 13 日国务院常务会议再次选择了全国电商基础条件好，进出

口发展潜力大的城市设立试验区,主要向中西部和东北地区倾斜,新增的城市分别为:北京、呼和浩特、沈阳、长春、哈尔滨、南京、南昌、武汉、长沙、南宁、海口、贵阳、昆明、西安、兰州、厦门、唐山、无锡、威海、珠海、东莞、义乌,共计 22 个城市。这是继杭州、天津等13个跨境电商综合试验区后又一批被批复为跨境电商综合试验区的城市,这样全国总计已有 35 个城市跨入了跨境电商综合试验区的行列。这基本涵盖了全国一、二、三线大部分城市,起到了对地方产业发展的推动作用,对经济增长形成辐射。随着中美贸易摩擦日渐升温,中国必将进一步重视跨境电商的发展。

中国跨境电商兴起的原因

尽管跨境电商市场竞争激烈,但行业整体仍处在高速发展阶段,究竟是什么因素推动了中国跨境电商的兴起呢? 我们认为主要包括四大原因。

(一) 全球经济危机成为行业转型助推剂

源于 2008 年的金融危机使得全球经济陷入低速增长的泥潭,在国际市场需求紧缩对外贸企业出口造成严重冲击的同时,国内外贸企业面临的跨境贸易形式也发生了不可逆转的显著变化:传统外贸"集装箱"式的大额交易正逐渐被小批量、多批次、快速发货的外贸订单所取代。

在经济危机影响下,受资金链紧张及市场需求乏力等因素的制约,传统贸易进口商,尤其是一些中小进口商往往将大额采购分割为中小额采购,将长期采购变为短期采购,以分散风险。这就极大地推动了以在线交易为核心、便捷及时服务为优势的电子商务跨境小额批发及零售业务的发展。网络技术尤其是移动网络技术的发展进一步推动了电子商务的兴起。

(二) 电商专业化分工降低了行业进入门槛

相对于传统国际贸易方式,跨境外贸电子商务(特别是目前增长迅猛的小额跨境电商)的门槛并不高:先在国内选择合适的产品及进货渠道,然后通过国际性的电子商务信息平台(如 eBay 或速卖通)联系国外的买家并出售商品,支付方式则选择国际性的第三方支付平台(如贝宝,即 PayPal;西联汇款,即 Western Union),物流则交给跨境快递公司(DHL 或者顺丰)来完成。

随着电子商务市场的不断拓展,跨境电商交易平台的建立已没有技术上的障碍。从整个操作流程来看,似乎与国内企业间的电子商务(B2B)及普通消费者的网购(B2C)没有太多差别,只是在跨越不同关税区域时会遭遇关税与技术壁垒,但由于跨境电商的碎片化呈现的小金额较难监测与跟踪,其渗透率更大。[①]

跨境电商平台及跨境物流配送是跨境外贸电子商务发展的关键,目前在中国致力于小额跨境电商市场的信息平台主要有 eBay 中国、阿里巴巴"全球速卖通"、敦煌网、环球资源网、Wish、大龙网等,基于这些平台都可以在线完成跨境小额外贸交易。在国际跨境电商平台巨头中,亚马逊、eBay 和 Wish 都有着独特的优势(参见表 1-1)。其中,作为跨境电商巨头的 eBay 是拥有全球 3 亿多买家的超级平台,其主要用户来自欧美地区。它的旗下有能够支持 120 多个国家和地区、20 多种货币的在线支付工具——贝宝,在全球电子商务交易的支付环节中担负着举足轻重的作用。

同时,小额跨境电商的兴起也直接推动了跨境电商物流的产生和发展,这期间兼顾成本、速度、安全,甚至包括更多售后服务内容的海外仓形式的物流服务产品应运而生,反过来加速了小额跨境外贸电子商务的发展,使其呈现出加速发展的态势。

表 1-1　国外主要跨境电商平台比较

跨境电商平台名称	亚马逊	eBay	Wish
模式	自营为主,以 B2C 为主	第三方平台,起源自 C2C 现在主打 B2C	第三方平台,B2C
优势	1. 渠道优势 2. IT 技术优势 3. 品牌优势	1. 全球站点多 2. 品牌优势	1. 新潮的移动端购物方式 2. 依托母公司的信息技术 3. 新兴公司的活力充足

---

① 上海社会科学院经济研究所课题组.中国跨境电子商务发展及政府监管问题研究[J].上海经济研究,2014(9):3-18.

跨境电商平台名称	亚马逊	eBay	Wish
劣势	1. 开拓海外市场中难以复制美国模式 2. 占领中国市场时间晚,市场占有率低	1. 没有线上交流平台 2. 用户隐私泄露较频繁,信息安全性有待提高	1. 企业品牌效应小 2. 在美国本土没有稳定的客户群 3. 公司规模小,抗风险能力弱

(三)丰厚的利润空间吸引了企业转型

与传统贸易方式相比,小额跨境外贸电子商务这种类似"蚂蚁搬家"式的贸易方式为自己赢得了令许多同行羡慕的丰厚利润。其原因在于:第一,电子商务以高效获取信息,能及时快速与客户沟通,有效整合企业内外资源,在一定程度上有助于企业降低运营成本、提高运营效率、扩大利润空间;第二,随着中间环节的减少,参与在线交易的企业与用户直接接洽的机会大大增加,成交的成功率随之提升。第三,小额跨境外贸电子商务可以在一定程度上减免传统进出口业务流程中许多繁杂的环节及费用支出,加之在线支付工具的流行及跨境快递渠道的完善,为小额跨境外贸电子商务创造了丰厚的利润空间。

(四)"互联网+"为跨境电商带来了新的发展

据估算,全球目前的网民超过18亿人,其中85%都有网购经历,2013年全球互联网零售额约为1.2万亿美元。中国在2015年实现的跨境电商交易规模达到了近8 000亿美元(含零售B2C与批发B2B交易),同比增长28%,跨境电商交易额占中国进出口总额的19.5%。

以互联网技术为支撑的信息时代,网络的发展为信息共享、信息协作和商务活动创造了一个新的空间,网络几乎渗透到了生活的每一个角落,面对如此巨大的变化,已有越来越多的企业考虑如何抓住跨境电商带来的巨大商机。从实际情况来看,目前进口食品和美妆个护为中国跨境网购用户最常购买的品类,占比分别为55.0%和49.0%;其次为服装鞋帽、箱包,占比为48.3%。未来,用户希望能够通过跨境电商平台购买更多的服装鞋帽、箱包、3C数码家电、运动户外用品。提供更多可选品类是未来跨境电商平台发展的重要方向之一。

跨境电商重塑产业链

跨境电商是一个复杂的产业链系统,主要包括跨境交易平台系统(内含电商主体企业)、产品生产供应系统、跨境支付系统、跨境物流系统、政府监管平台系统以及由此衍生的各类服务产业系统。而每一个系统实际上就是一个产业基础,在跨境电商的推动下,有别于传统的国际贸易产业,它们重新整合与集聚。通过跨境电商,传统制造业企业可以跨越一般贸易中心的层层中间环节而直接面向终端消费者,根据用户反馈和行业大数据分析,反向指导企业的生产方式,重构企业的生产链,使企业逐步做到根据需求组织生产,从而为市场提供更精准的产品。

通过跨境电商平台,传统制造业企业得以实现"卖全球",大大扩展市场信息来源渠道,有效解决了因"信息不对称"而导致的外贸订单减少的问题。跨境电商还使外贸链更加"扁平化",大大减少了中间环节,重塑贸易链。以最简单的方式进行描述就是,跨境电商以信息流、资金流、物流为主线支撑起了一个跨境电商的产业链并对传统的国际贸易产业链进行重塑(参见图1-4)。

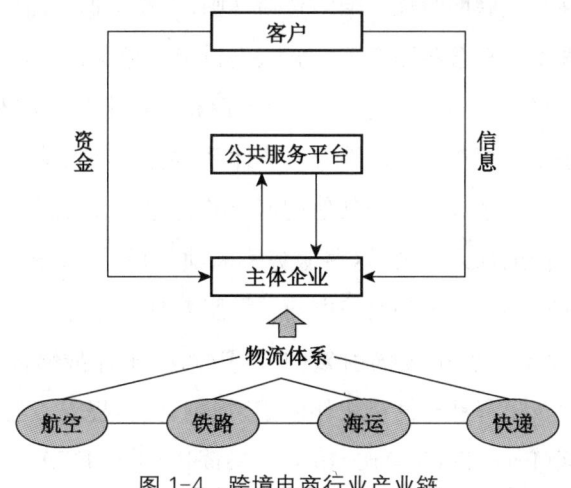

图 1-4 跨境电商行业产业链

（一）跨境电商推动物流行业大发展

以传统方式开展的"集装箱"式的大额交易正逐渐被小批量、多批次的"碎片化"进出口国际贸易所取代，这不仅是因为海外进口商出于缓解资金链压力和控制资金风险需要而作出的考虑，也是因为消费者基于产品更新迭代速度加快而更倾向于小批量采购。单笔订单金额及数量的减少势必引发物流模式及物流方式的改变。电商与物流相伴而生，随着跨境电商的蓬勃发展，无论是消费者还是企业都对跨境物流提出了更高的要求。

可以说，在当前的跨境电商商业运作中，最大的挑战非物流莫属。跨境物流之所以难做，主要是因为全球各地物流环节、海关情况都不一样，其成本高且不支持退换货，运输及配送时间长，包裹无法全程追踪甚至可能破损丢包，还有清关障碍及法律风险。这些因素一直是跨境物流行业发展过程中不可避免的问题。利用全球各地不同的关境特殊区域设置海外保税仓集中配送降低成本，提供用户售后配套维修服务，利用大数据开展智能物流，增设铁路、水路、公路联运大大降低物流成本，这些措施促进了物流行业向更高层次发展，也为新兴的产品全生命周期物流（逆向物流）的研究奠定了良好的基础。

（二）跨境电商催生外贸新规则形成

跨境电商基于互联网时代的网络贸易规则，需要根据电商生态系统建立与之匹配的多边框架及整合各国海关、物流、支付及金融等相关问题，促进国际贸易便利化，建立全新的国际贸易体系。中国拥有世界上最好的跨境电商平台，它们能够为中小企业提供完善的综合服务体系（包括传统贸易的清关、支付、结算、物流运输等）及基于大数据的其他增值业务（包括贷款、信用体系、担保等）。

随着跨境电商的深入发展，这些服务不断演变提升，逐渐形成优势。当越来越多的全球企业使用中国的跨境电商平台服务时，中国就有了制定国际贸易规划的话语权，这对于突破美国引领的 TPP（跨太平洋战略经济伙伴关系协定）、TTIP（跨大西洋贸易与投资伙伴协定）规则，大力提倡以亚太国家为主的亚太自由贸易区（Free Trade Area of the Asia-Pacific，FTAAP），提升区域全面经济伙伴关系（Regional Comprehensive Economic Partnership，RCEP）具有积极的作用。大力发展跨境电商,建立新规则体系下的贸易主导权,有助于提升中国的国际贸易地位,冲破长期以来西方国家针对中国的贸易壁垒,建立全新的经济贸易秩序,推动全球国际贸易的健康发展。

(三)跨境电商服务于国家一带一路倡议的实施

跨境电商的发展以线上平台为纽带,突破时空限制,进一步促进中国政府所倡导的"一带一路"倡议的实施,以低成本、高效率的方式,推动"一带一路"国家间的国际贸易深入发展。具体表现为:建立新的贸易渠道,创新传统贸易发展模式,实质性地提升进出口业务,打造新的经济增长引擎;拓宽中国企业的出海通道,使中国产品更通畅地走出去,将海外产品和资源更通畅地引进来;为"一带一路"国家的民间交流提供网络窗口,促进中国与"一带一路"国家间的互相交流及相互了解。发展跨境贸易需要建立全新的贸易协议及贸易规则,在"一带一路"沿线国家大力发展跨境电商贸易,可以使我们借助先发优势,率先发起制定新的国际贸易规则,掌握更多国际贸易话语权。同时可以为"一带一路"国家的基础设施建设输出中国的通信、网络技术标准及铁路、公路建设的优势产能。

另外,网上支付是电商发展中最重要的环节之一,国内电子商务的蓬勃发展衍生出以人民币计价的电子支付及相关金融产品,这些产品可以说已经走到了世界的前列。跨境电商的"碎片化"模式对人民币发展而言是一次机遇,将国内已经成熟的支付方式应用国际化无疑可以大大推动人民币国际化的进程。相对于电子商务的高速发展,所有国家的法规和监管都是滞后的。电子支付领域存在着巨大的创新空间,关键在于我们能否抓住市场、服务渠道和客户群体等要素,借船出海,推动人民币国际化进程。

第 2 章

跨境电商运营
生态系统建设

与传统国际贸易业务相比较,跨境电商业务中的企业国际化竞争力构成要素发生了显著变化。跨境电商生态系统是一个复杂的系统,涉及更多的环节与要素。在跨境电商活动中,不管是跨境物流、跨境税收,还是跨境支付等,都无法孤立存在于单一环节,都在与其他要素进行着物质、信息或能量的交换,都会受到跨境电商生态系统中诸多要素的影响。[1] 构建良好的跨境电商运营生态系统,核心在于跨境物流、跨境税收制度和跨境支付 3 个方面。

---

[1] 张夏恒.京东:构建跨境电商生态系统[J].企业管理,2016(11):102-104.

提升跨境物流效率

尽管跨境电商发展前景较好，但要在竞争中取得优势地位，有效稳步发展，物流一体化及供应链物流协同是关键。相比国内电子商务，跨境电商因涉及海关查验、跨境运输配送等活动，所以在空间上距离更远，且所花费的时间也相对较长。上述情况造成物流费用居高不下，大致占到总成本的 20%～30%，这让不少小商家望而却步。以 1 千克物品运到美国为例，海运费为 1.30 元，空运费为 35 元，快递费为 45 元，差距达数十倍。

电子商务的发展推动了电子商务与物流的有机结合，基于电子商务的物流逐渐受到国内外学者和企业管理者的重视。在跨境电商的国际供应链方面，物流是一个痛点，是跨境电商发展的瓶颈。2013 年阿里巴巴、京东等重要的电商平台向海外市场发展，我国跨境电商的物流模式开始成型[①]。张夏恒、马天山（2015）指出阻碍跨境电商的物流困境包括物流成本高，运输配送时间长，有汇率风险，难以实现退换货，以及其他国际因素，并提出建设海外仓以解决现存问题[②]。

对跨境电商的整个供应链来说，物流是保障整个供应链顺畅存在的基础，跨境电商要想保持持续快速增长，就要建立稳定的供应链，保证物流的通畅、快捷。如果供应链的参与企业之间缺乏有效沟通和协同功能，整个供应链的效率就会受影响，最优化作用就难以实现。

规范有序的物流是保障供应链管理发挥有效性的基础。利用虚拟网络发展并渗透、壮大起来的电商离不开线下物流的配合，无论是消费者还是电商企业，面对的最大挑战与竞争除了适销市场的优质产品之外非物流莫属。跨境物流不同于本地物流，全球物流配置考验着每家电商企业对世界各地物流环境的熟悉与适应能力，是否能够克服长距离投放市场过程中遭遇到的丢失、破损、时效问题及降低成本决定了企业的盈利能力。物流要兼顾成本、速度、安全性以

---

① 丁琪.简析制约跨境电商物流发展的几种因素[J].中国市场，2015(24).
② 张夏恒，马天山.中国跨境电商物流困境及对策建议[J].当代经济管理，2015(05).

及消费者在物流途中进行商品追踪的体验,服务质量和成本高低之间的矛盾十分突出。跨越不同关税区域还会有清关过程中的各国法律合规风险等。

推动跨境电商的发展是一个系统性的问题,涉及产业链中的各个层次,最关键的问题是跨境物流整合。本教程会就不同跨境电商模式配置不同的物流方式进行讲解与分析,但破除这一瓶颈大致有两个方向与趋势:

一是对于市场准确预测的爆款品类采用海外仓模式,进口过程也建议充分利用遍布中国沿海及内陆的海关特殊监管区域的保税备货模式(截至 2016 年 6 月底,中国的海关特殊监管区域已经达到 136 个),出口过程中的海外仓也一样能解决中国制造的产品涉及的售后服务与退换货处理,增加客户的黏度,提升 SP(Sales Promotion)的转换率与顾客回头率。

二是要求企业从建立智能物流体系入手,在政府创导引领下建设跨境物流综合信息平台,这不仅能够使跨境物流行业更规范、有效,而且能充分实现物流运作的规模化,降低物流成本,为整合共同配送与逆向物流发展提供良好的信息系统条件。智能物流发展依托大数据采集,企业引进自动化设备与技术不但可以应对日益上涨的劳动力成本困境,也使原本单纯依靠手工操作所造成的订单处理滞后、差错率高以及库存管理混乱乃至丢件局面得到改善,这也是长期困扰跨境电商发展的主要问题。

创新跨境电商税收制度

跨境电商平台在跨境电商的贸易中发挥着不可替代的作用,涉及了检验检疫、关税、海关等多个部门。当前,中国跨境电商平台管理缺乏效率,监管难度大,主要表现在相关法律的制定与实施具有时滞性,缺乏预测性,造成了监管的难度增大。例如,在跨境电商平台管理方面,我国已经出台了多部相关的系列文件,如《关于跨境电商零售出口税收政策的通知》。但是,随着跨境电商的快速发展,新的问题和新情况不断出现,目前存在的法律还是难以跟上实际发展的情况。

跨境电商尽管有很大优势,但同时也存在明显的通关、结汇和退税障碍,及贸易争端处理不完善等劣势[①]。有研究认为,WTO 对于不同国家交易主体通过电子商务方式交易产品暂时免除关税的规定是一种开放式交易的规定,而且这种免税基本不会影响到整个国家的税收[②]。明晰贸易规则和加大企业跨境贸易的担保,将提高电子商务对贸易发展的促进效率。

在中国跨境出口方面,2013 年 8 月 21 日商务部、发改委、财政部、人民银行、海关总署、国家税务总局等 9 部门联合发布《关于实施支持跨境电商零售出口有关政策的意见》,提出了促进跨境电商零售出口的 6 项具体措施,具体包括:

一是建立电子商务出口新型海关监管模式并进行专项统计以解决目前零售出口无法办理海关监管统计的问题。

二是建立电子商务出口检验监管模式以解决电子商务零售出口无法办理检验检疫的问题。

三是支持企业正常收结汇以解决目前跨境电商出口收汇存在的困难。

四是鼓励银行机构与第三方支付机构为跨境电商出口企业提供支付服务以解决支付配套环节薄弱问题。

五是制定实施适应跨境电商出口的税收政策以解决中小微跨境电商出口企业的退税及税收上的困惑。

六是针对跨境电商出口发布了《关于跨境电商零售出口税收政策的通知》,对跨境电商零售出口企业的退免税政策作了具体规定。

上述措施在一定程度上解决了我国跨境电商零售出口企业此前在海关、检验检疫和收付汇环节因无法正常办理手续而无法获得出口退税的问题。这些措施在近三年的过程中正在不断完善改进并配合实施细则不断落地。

而跨境进口模式中的最大问题出现在保税备案进口模式上。对此,2014年 3 月 4 日,海关总署颁布了《关于跨境贸易电子商务服务试点网购保税进口模式有关问题的通知》,针对 6 个试点城市开展跨境电商网购保税进口模式的网购保税进口商品及购买金额限制等问题进行了统一规制,明确网购保税进口

---

① 鄂立彬,黄永稳.国际贸易新方式:跨境电商的最新研究[J].东北财经大学学报,2014(02).

② Mattoo A, Schuknecht L. Trade Policies for Electronic Commerce[J]. A Practical Guide to Trade Policy Analysis,2000,volume 17(3):79-108.

商品以电子订单的实际销售价格作为完税价格,参照个人物品行邮税税率计征税款;应征进口税税额在人民币 50 元(含 50 元)以下的,海关予以免征。此外,2014 年 7 月 23 日海关总署还出台了海关总署公告 2014 年第 56 号,关于跨境贸易电子商务进出境货物物品有关监管事宜的公告,以上通知与公告虽然解决了我国跨境电商运营中无法可依,无规可循的局面,但由于出台仓促,法律级别过低,且将保税进口物品按照个人行邮税方式征税,与现行的《海关法》对货物与个人物品的定义相悖,从一开始就带来了问题与挑战。

《海关法》第 46 条明确规定,物品为个人携带进出境的行李物品、邮寄进出境的物品,应当以自用、合理数量为限,并接受海关监管,而保税备案进境入库的货物明显具有货物买卖的特征,具有商业性质。《海关行政处罚实施条例》第 64 条也对自用有明确的释义:"指旅客或者收件人本人自用、馈赠亲友而非为出售或者出租。"由此引起各地海关关员在监管及征税上的困惑包括现有信息系统的不匹配。所以,顶层设计很重要,仅仅对一些操作流程做小的修改很难从根本上解决问题。跨境电商进出口作为一种新颖的国际贸易业态应该有其独立的法律地位,未来的法律制定中除了"货物""物品"外,应该将跨境电商销售的 B2C 商品重新定义为"网品",加以明确,并将其视为与货物、物品平行的第三种海关监管业务标的,以此厘清跨境电商商品的性质,解决目前将跨境电商商品按货物或个人邮递物品监管都不合理的两难处境,同时也有利于建设跨境电商独立的业务管理体系。可参照当前国际通行的对低价值货物清关免税的标准,按各国经济发展程度设置 800、500 或 200 美元以下免税,并设置全年个人额度如 20 000、12 000 或 5 000 美元免税总额度,这样就没必要再区分"货物"与"物品",可按同一方式来监管。跨境电商从本质上来说无非就是传统国际贸易借助了互联网技术而有了进一步的延伸,而国际贸易实施过程中两个最大的障碍:一是关税壁垒;二是技术壁垒。如果各国政府想要携手共进,持续推动贸易全球化,造福全人类,或者是中国想要成为跨境电商国际规则与标准的制定者,就必须有降低国际贸易中这两大壁垒的勇气,且后者比前者更重要。若两大壁垒稍有降低,跨境进口中的碎片化贸易就可以以传统的一般贸易形式进行,无论是物流还是政府投入的监管成本都会大大降低。这需要政府决策与制定者的智慧。

完善跨境支付系统

跨境电商货物交易的达成必然伴随支付行为的发生,最终形成闭环。传统国际贸易的支付是以银行信用证、D/P、D/A 等方式完成,适应 B2B 等交易行为,而 B2C 模式交易行为中,更多用户是以移动端支付来完成。尽管政府监管的方式日趋灵活,在风险可控的范围内支持企业做有益的创新尝试,但跨境支付的挑战仍很大。

对出口跨境电商来说,这些挑战表现在外卡收单业务上,即国内的商家通过外贸平台销售产品给境外买家,买家付款后,支付服务机构为国内商家收款并代理结汇或原币划账。中国跨境出口平台要面对全球 200 多个国家与地区,选择双方都能接受的支付体系非常重要。为了适应买方市场,中国卖家应该更多研究各国广泛接受的支付方式,就如我们中国的买家都认为"支付宝"是大家熟知的支付方式。由于采用买家选择的境外第三方支付系统收款,中国出口卖家的货款就不能阳光结汇,因为这些境外第三方支付系统并没有进入中国外汇管理的监测系统中,这也就造成了中国的出口卖家无法顺利完成出口退税的困境。

针对国内跨境电商企业支付服务,国家在 2013 年 9 月下发了《跨境电商第三方支付业务试点》文件,又在 2015 年 1 月 20 日颁布了关于人民币跨境支付的文件《国家外汇管理局关于开展支付机构跨境外汇试点的通知》汇发(2015)7号。支付机构跨境外汇支付业务试点指导意见文件下发后,第三方支付企业有了明确的申请规则与方向,截至 2016 年 6 月底,全国已经有 28 家企业取得了跨境支付牌照,主要集中在北京(10 家)、上海(9 家)。

伴随跨境电商应运而生的支付无疑需要方便、快捷,但由于第三方支付服务是通过网络完成,在跨境支付过程中容易产生相关的风险。问题主要集中在:备付金(由于第三方企业的变化引发);非法资金流入(境外交易难以判断其真实性);用户资料泄密(相关法律与技术手段落后)。

中国本土的跨境第三方支付的数据已经纳入国际收支申报系统,但并没有建立相对独立的监管措施,所以货物与服务贸易系统尚无有效的监测预警系统。个人外汇监测系统已经在 2016 年初上线。由于在具体的监管实践中,中国人民银行在新兴电子支付与互联网金融监管方面缺乏监管优势,如何实现平台订单、物流、支付的"三单合一",如何实现跨境业务的实时监督、反洗钱甄别信息共享,解决这些问题任重而道远。

　　针对上述现状,我们初步有以下几个方面的应对措施:首先,要推动与加强中国本土的电子支付工具建设与使用,逐步通过本土的电子支付工具与国际主流支付工具之间的对接来获得全球贸易方的认可,努力增加中国的电子支付在国际电子支付中的份额。其次,要推动人民币在全球范围内的使用,在境内外金融机构中推广人民币跨境支付系统(即 2015 年 10 月在上海上线运行的CIPS,英文全称为:Cross-Border Interbank Payment System),而当前境内外金融机构在国际贸易交易中的资金跨境结算一直由欧美控制的环球银行金融电信协会的 SWIFT(Society for Worldwide Interbank Financial Telecommunication)系统主导,全世界目前 90％以上的货币结算在该系统监控下,其中美元是主要流通结算货币。最重要的还是需要逐步形成以人民银行监管为主导、商业银行监管为辅助、企业与行业协会自律监管、社会舆论补充监管的体系。人民银行主导的监管一定要建立在为守法企业服务的理念上,以创造有效的监管生态环境,第三方支付机构应抓紧构建自身的防护壁垒,在提高自身风险防控体系的基础上为广大用户或是探索提供增值服务,从竞争中脱颖而出,要主动规避一些灰色地带,不要为一时的蝇头小利而自毁企业的良好信誉。

第 3 章

跨境电商物流

电商与物流相伴相生,随着跨境电商的快速发展和市场规模的急剧扩张,无论是消费者还是企业都对跨境物流提出了更高的要求。跨境物流作为跨境电商流程中至关重要的一个环节,是当前跨境电商商业运作中面临的最大挑战,严重制约着我国跨境电商的进一步发展。跨境物流之所以难做,主要是因为跨境物流不仅涉及国内的软硬环境,还涉及全球各地形式不一的物流环境、海关情况等①。跨境物流在跨境电商供应链的上下游各环节的畅通衔接上具有重要的价值,因而如何选择正确的物流方式,满足消费者日益增长的消费需求并且提供快速、便捷、差异化的高质量服务体验成为跨境电商企业亟待解决的问题。

---

① ShopNC.跨境电商物流,选对了吗?〔OL〕.2017-07-17.http://www.sohu.com/a/157801053_476636.

跨境电商物流发展趋势

跨境电商具有综合海外推广、交易支持、在线支付、售后服务、信用体系和纠纷处理等多功能的特征,这要求其物流服务也进一步向小批量、多频次、周转快的趋势发展。由于跨境电商物流活动涉及多个国家或地区的物流系统,还和国际贸易的通关、检验检疫、国际货物保险业务等密切相关,其作业流程复杂,物流路程更远、时间更长、风险更高,对货物递送的可视化和时效性要求也更高。

物流资源成为跨境电商平台重要的战略资产。近年来,跨境电商物流出现了一些明显的变化趋势。

(一)跨境电商物流呈现百花齐放的发展态势

随着我国跨境电商的快速发展,国内有实力的航空公司、快递企业纷纷涉足跨境电商物流领域。以顺丰为例,顺丰与我国跨境电商进出口的主要目的地国联合推出了"国际小包系列";圆通则选择联手菜鸟网络,布局跨境电商物流行业,开辟国际物流航线,为我国跨境电商的快速发展服务。各个快递公司也纷纷发力,邮政体系的主导地位正逐渐被打破,我国跨境电商市场呈现百花齐放的发展态势。

(二)海外仓业务份额增长较快

时效性和成本是影响跨境电商物流服务客户满意度的重要指标。海外仓模式有效地将国际段运输前置,客户下单后,可以直接向国内发货,大大缩短了跨境电商物流的配送时间。此外,海外仓属于备货模式,国际段的运输往往是批量运输,有效降低了国际段的运输成本。根据有关研究,解决跨境电商以往小包时代成本高昂、配送周期漫长问题的唯一方案,就是设立海外仓,改变跨境电商出口产业的物流生态,从而实现境外本地发货,加快商品配送速度,促进跨境电商出口的产业品类持续增加[①]。

---

① 李金芳,陈夏林,吴来恩,等.M2B2C跨境电商出口模式的产业功能及实现——以中国(杭州)跨境电商综合试验区为例[J].中共杭州市委党校学报,2015,1(5):90-96.

（三）新兴市场国家物流问题突出

随着跨境电商发展的逐渐深入，以及"一带一路"倡议的持续推进，东南亚、非洲等新兴市场成为跨境电商发展的新蓝海。但是，这些新兴市场国家的物流设施建设相对落后，海关的通关效率低等问题较为突出；此外，由于新兴市场国家市场的不稳定性，海外仓的成本不能够实现有效的控制。所以，新兴市场国家的跨境电商物流仍存在诸多问题。

可以预见的是，跨境电商已成为我国进出口贸易中增长最快的领域。跨境电商的发展离不开物流的发展，但物流却制约着跨境电商的发展，只有加大对传统物流业的整合和调整，使供应链各参与企业能有序发展，才能使跨境电商在未来竞争中处于优势地位。

出口跨境电商物流模式

跨境电商物流是指位于不同国家或地区的交易主体在跨境电商平台达成交易，通过跨境物流将商品送达消费者手中的一种商务活动（参见图 3-1）。跨境电商交易主体的双边性，使得跨境电商物流区别于传统电商的物流，分为国际段和国内段两部分。跨境电商物流不仅流程复杂，需要多个传统物流商合作完成，而且涉及两国海关，需要清关代理公司。交易商品通过国际段运输到达消费者所在国，并在海关和检验检疫部门的监督下完成清关，清关完成后，通过国内段运输送达消费者手中。有调查研究认为，较好的快递促使订单的发生率大大提高，扩大了订单的数量与规模，提高了商品的回购率，在促进了财务增长的同时增加了跨境交易的成交量，不仅降低了物流的成本，也节约了时间成本[1]。

跨境电商不同物流模式的特点决定了其适用于不同的商品类型，决定了其在退换货服务中承担的成本差异。目前，我国的跨境电商物流主要有邮政包裹、国际快递、跨境专线物流、海外仓和国内快递的跨国业务 5 种模式（参见表 3-1）。

---

① Kim，T. Y，Dekker，et al. The value of express delivery services for cross-border e-commerce in European Union markets[J]. Rommert Dekker，2016.

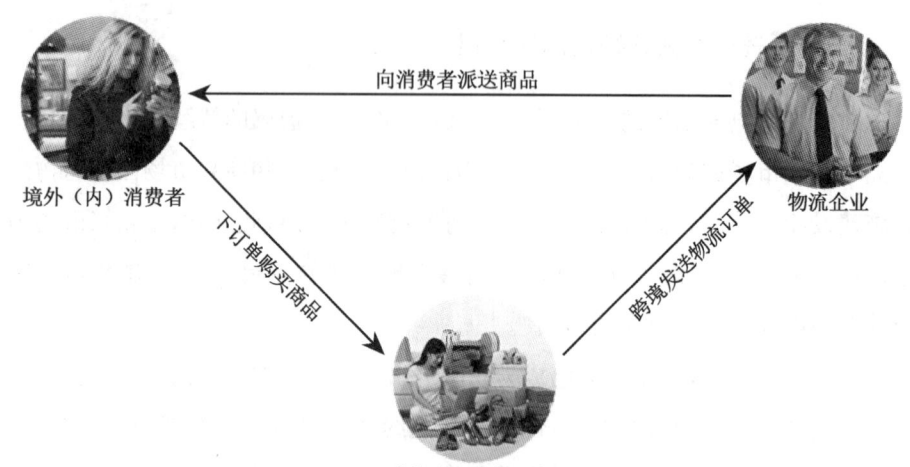

图 3-1　跨境电商物流示意图

表 3-1　跨境电商物流方式比较

跨境 B2C 物流方式	特点	优势	劣势	运营商
邮政包裹	包裹重量在 2 千克以内，外包装长宽高之和小于 90 厘米，且最长边小于 60 厘米，通过邮政空邮服务寄往国外的小邮包	邮政网络基本覆盖全球，物流渠道广，价格便宜	一般以私人包裹方式出境，不便海关统计，无法享受正常的出口退税，速度较慢，丢包率高	中国邮政、香港邮政、新加坡邮政等
国际快递	—	速度快、服务好、丢包率低，发往欧美国家非常方便	价格昂贵，资费变化较大	UPS（美国）、FedEx（美国）、DHL（德国）、TNT（荷兰）
跨境专线物流	一般通过航空包舱方式将货物运输到国外，再通过合作公司进行目的国国内派送	集中大批量货物发往目的地，物流成本低，价格比商业快递低，速度快于邮政小包，丢包率较低	运费比邮政小包高，国内揽收范围相对有限	美国专线、欧洲专线、澳洲专线、俄罗斯专线、中东专线、南美专线等

（续表）

跨境 B2C 物流方式	特点	优势	劣势	运营商
海外仓	由网络外贸交易平台、物流服务商独立或共同为卖家在销售目的地提供货品仓储、分拣、包装、派送的一站式控制与管理服务；或电商网站在海外独立建仓	用传统外贸方式走货到仓，物流成本低；本土销售，方便退换货，发货周期短，发货速度快，可帮助卖家拓展销售品类	适合库存周转快的热销商品，对卖家在供应链管理、库存管控、动销管理等方面要求高；建设成本和运营成本很高	如 eBay 的美国仓、英国仓、德国仓
国内快递的跨国业务	依托邮政渠道	速度快、费用低，EMS（中国邮政速递物流）在中国境内出关能力强	并非专注跨境业务，相对缺乏经验，海外市场覆盖有限	EMS、顺丰

资料来源：郭薇，朱瑞庭.我国跨境 B2C 电子商务的制约因素及对策研究［J］.电子商务，2015（8）：10-12.

（一）邮政包裹模式

邮政包裹模式是指通过邮政渠道运用个人邮件形式将物品寄往境外消费者的物流模式。市面上主要使用的有中国邮政国际小包、香港邮政国际小包、新加坡邮政国际小包，还有其他一些国家邮政的小包在特殊的情况下被使用。下面以中国邮政国际小包为例，对邮政包裹模式进行阐述。

自 2013 年起，中国邮政集团公司与主流跨境电商平台开展总对总合作，推出了"平台对接、在线派单、属地揽收"模式，取得了很好的业务发展和直客开发成效。目前，中国邮政已对接包括速卖通、薇仕、来赞达、贝宝、敦煌等主流电商平台在内的 38 个平台。目前，平台对接线上业务占总业务量的比重已超过 60%，直客业务量收占比均达到 80% 以上[①]。随着与电商平台对接合作的不断扩大和深化以及线上对接业务量的不断增长，为更好地支撑服务跨境电商发展，中国邮政国际小包运营服务中心应运而生。

---

① 刘静娜.中国邮政国际小包运营服务中心成立［N］.中国邮政报，2017-11-07(001).

中国邮政国际小包的重量限制在 2 000 克以内,关于外包装尺寸的规定为:长、宽、厚合计 900 毫米以内,最长一边不得超过 600 毫米,公差 2 毫米;圆卷状的,直径的两倍和长度合计 1 040 毫米以内,长度不得超过 900 毫米,公差 2 毫米。最小尺寸要求至少有一面的长度不小于 140 毫米,宽度不小于 90 毫米,公差 2 毫米;圆卷的,直径的两倍和长度合计不得小于 170 毫米以内,长度不得小于 100 毫米。

中国邮政国际小包分为普通邮包和挂号两种,前者费率较低,邮政不提供跟踪查询服务,后者费率较高,可提供网上跟踪查询服务。中国跨境电商的 70% 左右的包裹仍通过邮政系统进行投递,但基于重量和体积的限制,邮政包裹模式只能满足小额跨境电商 B2C 的需求。

中国邮政国际小包运递服务流程参见图 3-2。

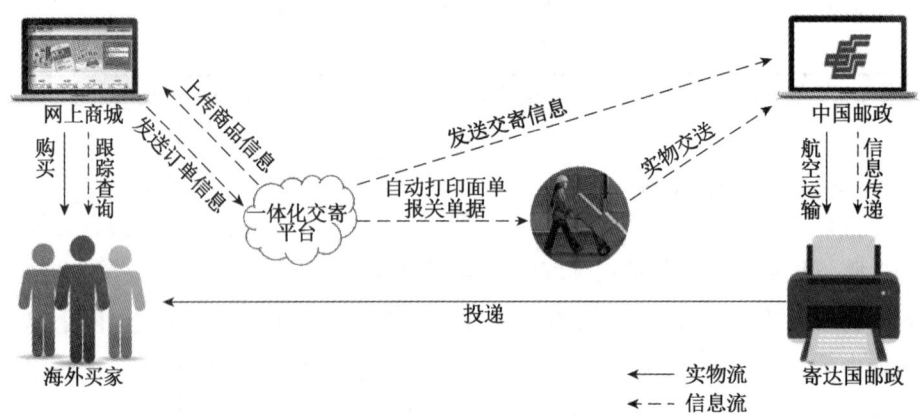

图 3-2　中国邮政国际小包运递服务流程

以中国邮政推出的以国际小包服务为主的邮政包裹模式具有其他跨境出口电商物流模式不可比拟的优势。

1. 服务范围广,覆盖全球网络

中国邮政是万国邮政联盟成员国之一,凭借万国邮政联盟的庞大网络,邮政国际小包可通达全球 200 多个国家或地区。各成员国之间基于万国邮政联盟项下的合作协议促进邮政包裹自由通畅地交换。2002 年,中国、日本、韩国、美国、澳大利亚、中国香港 6 个国家和地区的邮政部门组成了卡哈拉邮政合作组织,旨在通过提高质量改善邮政服务。

2. 通关能力强

中国邮政与海关有长期良好的合作关系,拥有报关"优先权",这能使货物通关更加便利。例如,俄罗斯海关规定,提供正确电子预报关信息的邮件可享受优先通关,减少验关等待时间。中国邮政国际小包出关不会产生关税或清关费用,但在目的地国家进口时可能产生进口关税,具体根据每个国家海关税法的规定而定。

3. 物流资费便宜

中国邮政国际小包相对于其他运输方式(如 DHL、UPS、FedEx、TNT 等)来说有绝对的价格优势,同时比香港邮政国际小包价格也要便宜(参见表 3-2)。

表 3-2 中国邮政国际小包资费表

国家/地区分组	航空		空运水陆路		水陆路	
	100 克和100 克以内	100 克以上续重每 100 克或其零数	100 克和100 克以内	100 克以上续重每 100 克或其零数	100 克和100 克以内	100 克以上续重每 100 克或其零数
第一组	14.00	9.00	8.50	5.00	12.00	7.00
第二组	16.00	12.00	9.00	6.00	12.00	7.00
第三组	18.00	15.00	11.00	7.00	12.00	7.00
第四组	20.00	18.00	12.00	8.00	12.00	7.00

第一组:部分亚洲邻国(朝鲜、蒙古、越南、日本、韩国、哈萨克斯坦、吉尔吉斯斯坦、塔吉克斯坦、乌兹别克斯坦、土库曼斯坦);
第二组:其他亚洲国家或地区;
第三组:欧洲各国或地区、美国、加拿大、澳大利亚、新西兰;
第四组:美洲其他国家或地区、非洲各国或地区、大洋洲其他国家或地区。
资料来源:根据中国邮政官网数据整理。

中国邮政国际小包的劣势有以下几点:

(1) 运输的商品品类有限。中国邮政普通邮包适合重量轻价值低(小于 7美金)的轻小件。

(2) 花费时间长,运送时效低。到达欧美国家一般花费 10~25 天。

(3) 信息化包裹追踪差。平邮的国际小包仅国内段可以追踪查询包裹投递情况,国外段则不提供网上追踪服务,挂号的国际小包可以提供全程网上追踪服务。

（二）国际快递模式

国际快递模式主要是指通过 DHL、TNT、UPS、和 FedEx 4 家大规模的国际快递公司将海外购买者在跨境电商购物平台上购买的商品运送至境外消费者手中的物流模式(参见表3-3)。

表 3-3　国际商业快递对比表

国际商业快递	DHL	TNT	FedEx	UPS
总部	德国	荷兰	美国	美国
计费重量	在实际重量和体积重量中,取较大者为计费重量	在实际重量和体积重量中,取较大者为计费重量	在实际重量和体积重量中,取较大者为计费重量	既考虑实际重量又考虑体积重量
跟踪服务	提供,货物运送信息反馈及时	在追踪页面输入TNT运单号即可查询	提供,货物运输信息反馈及时	在线包裹追踪,全程监控货件
清关	协助清关或客户自行清关	在西欧国家通关能力强于其他三者,但是价格贵	协助清关	专业清关能力,在运输途中即可开始电子海关清关,日常海关清关自动包括在所有UPS空运服务费率中
最大货物	一般每个快件的长、宽、高都不得超过120厘米;对尺寸更大的物品可进行特殊安排	根据服务和目的地,重量和尺寸限制会有所差别	尺寸及重量限制因国家及目的地而异	每件包裹重量上限为70千克;每件包裹的长度上限为270厘米;尺寸上限为419厘米(长+周长[(2×宽)+(2×高)])。
特点	5.5千克以下物品发往美洲、英国价格有优势,21千克以上物品有单独的大货价格	西欧国家通关速度快,发送欧洲一般3个工作日可到	整体而言价格偏贵,21千克以上物品发送到东南亚国家速度快,价格也有优势	到美国速度很快,6~21千克物品发往美洲、英国有价格优势

国际快递的业务遍布全球,通过自建的全球网络,先进的 IT 系统和遍布世界各地的本地化服务,其能为中国卖家的各种物流需求提供完美的解决方案。国际快递模式与其他物流模式较大的区别在于它依托于统一的信息化平台操作,在快件运输的安全性和效率性上都有较高的保障,客户的物流体验高于其他物流模式。

总的来说,国际快递物流模式具有以下特点:

(1) 物流服务产品多样化,能满足各种物流需求。

(2) 拥有先进的 IT 系统与统一的信息化操作平台,物流可视化,可全程追踪。

(3) 遍布世界各地的本地化服务,较高的安全性与效率性,客户体验较好。

(三) 国内快递国际化模式

随着国内快递的迅猛发展和走向成熟,国内快递开始向国际市场进军,催生了跨境物流国内快递国际化模式。目前,国内快递行业国际化业务发展稍显成熟的有 EMS、顺丰和"四通一达"。

以顺丰为例,其国际化业务稍显成熟,目前已经开通到美国、澳大利亚、韩国、日本、新加坡、马来西亚、泰国、越南等国家的快递服务,发往亚洲国家的快件一般 2~3 天可以送达。

针对国际物流,顺丰推出顺丰标快(国际)、国际特惠(进、出口)和国际重货。以国际标快为例,一般来说,顺丰的运送时效大约为 3~5 个工作日,俄罗斯地区则为 7~10 个工作日,日本则要短一些,为 2~4 个工作日。相比 EMS 的国际化物流服务来说,顺丰所提供的物流解决方案具有更多的可选择性。就运送时效来说,顺丰比 EMS 更加节省时间,但是运费相对来说偏贵。

另外,针对跨境电商市场不同的寄递需求,EMS 推出了与跨境电商发展相适应的跨境电商物流产品,以经济实惠的资费和稳定的发运质量吸引着越来越多的中国卖家,并发展成为跨境电商的首选物流方式之一。在国内快递中,EMS 的国际化业务是最完善的。EMS 跨境电商产品主要有:e 邮宝、e 速宝(参见表 3-4)。

表 3-4　e 邮宝、e 速宝概况

渠道	邮政渠道	商业渠道
产品名称	e 邮宝	e 速宝
适合类型	轻小件物品	轻小件物品
重量/尺寸限制	单件限重 2 千克 长＋宽＋高≤90 厘米 单边长度≤60 厘米	单件限重 2 千克 长＋宽＋高≤90 厘米 单边长度≤60 厘米
递送时限	主要路向参考时限为 7～10 个工作日	主要路向参考时限为 7～10 个工作日
通达国家/地区	美国、澳大利亚、英国、加拿大、法国、俄罗斯、以色列、沙特、乌克兰、挪威、巴西	澳大利亚、德国
追踪查询	① 美国、澳大利亚、加拿大、法国、以色列、沙特、乌克兰：e 邮宝业务提供全程跟踪查询，但不提供收件人签收证明； ② 俄罗斯：e 邮宝业务提供妥投信息； ③ 英国：e 邮宝业务非 eBay 平台提供妥投扫描信息，eBay 平台暂不提供； ④ 可通过中国邮政 EMS 网站或寄达国邮政网站以及拨打 11183 客服电话，查询邮件的实时跟踪信息	① 提供邮件收寄、封发、离港和抵港信息查询，无妥投信息； ② 可通过 EMS 网站和在线发运系统查看邮件跟踪信息
特点	利用邮政 EDI 快速清关，到达境外邮政优先处理。	须详细申报物品明细、税则号、申报价值和重量

依托邮政渠道，EMS 可以直达全球 60 多个国家，费用相对四大国际快递巨头要低（参见表 3-5），中国境内出关能力强，邮包到达亚洲国家需 2～3 天，到达欧美国家需 5～7 天。

表 3-5　e 邮宝运费（按克计费）

国家	e 邮宝（限重 2 千克）		首重限制	参考时限	尺寸限制
	资费标准				
	元/克	元/件	克	工作日	
美国	200 克以内（含 200 克）：0.08 200 克以上：0.075	9	70	3～7	长＋宽＋高≤90 厘米单边长度≤60 厘米

（续表）

e邮宝（限重 2 千克）					
加拿大	0.07	22	无	7～10	长＋宽＋高 ≤90 厘米 单边长度 ≤60 厘米
美国					
法国					
澳大利亚					
以色列					
挪威					
俄罗斯	0.1	8（eBay 平台） 10（非 eBay 平台）	50	7～15	
沙特阿拉伯	0.05	26	无		
乌克兰	0.1	8	50	7～15	

资料来源：EMS 官网。

民营快递在走向国际市场的过程中，与国际快递和中国邮政的竞争在所难免，还将要面对法规政策、海关严格的管控，人才缺口，服务品质等方面的考验。总的来讲，民营快递国际化道路的主要障碍有以下几方面。

1. 面临着与国际大鳄及中国邮政的激烈竞争

首先出现的拦路虎，便是占据着我国国际快递业务大头的四大国际快递公司。相比四大国际快递公司，目前我国快递企业无论在规模、结构设置、资金还是人才方面都较弱，存在明显软肋。与此同时，一些国际电商巨头在挺进中国的过程中，通过自建物流体系，或是依托他国快递企业来承担配送业务，比如美国电商巨头亚马逊于 2014 年 10 月 10 日就宣布，继开通海外六大站点直邮中国后，"亚马逊海外购"商店于 2014 年 11 月 11 日开始试运行。消费者登录亚马逊中国的网站即可访问"亚马逊海外购"商店。就在国内民营快递开拓海外市场受国外因素阻拦之际，中国邮政也以拦路虎的姿态出现。相关数据显示，2013 年全国跨境电商贸易交易规模达 3.1 万亿元，进出口业务占比分别为 88.2％（出口）、11.8％（进口），其中，出口 50％以上包裹通过中国邮政渠道发到国外，中国邮政约为 1 万家电商企业提供商品出口寄递服务。

2. 缺乏政府配套支持和国际化经营人才

除了竞争层面的困难,其他方面的困难可以用"重重"一词来形容。民营快递在对国外行业的了解、国家的法律法规以及政府的支持力度方面,都存在困难。跨境电商和国际快递的专业人才缺乏问题严重,目前在行业内,国内专业的跨境电商业务和快递人才主要集中在四大国际快递企业。

3. 传统低成本优势难以维持

众所周知,国内快递企业的迅速壮大凭借的是低价竞争,而低价竞争的前提则是国内较低的劳动力成本以及设备、技术成本。因此,国内快递企业即使服务质量不高,但是以低价仍获得了一定的市场规模。不过,这种方式到国外是完全行不通的。无论是人力,还是技术设备,国外快递市场都很成熟,不能再仅仅依靠人与电瓶车来开展业务,而是要普及汽车等相关设备,这些势必增加成本。

4. 面临规模化、标准化考验

在解决了成本问题之后,由于国外快递市场非常成熟,国内快递国际化必将面临着标准化的考验。为了取得长久的发展,快递企业在业务上必将面临着规模化考验。而跨境物流的发展速度与政策开放程度息息相关,跨境物流与国内物流最大的不同在于跨境需要通过海关,需要通关备案。

(四) 专线物流模式

跨境专线物流模式主要指以航空包舱方式运输到国外,即通过航空公司将货物大批量集中运送出境,再通过当地指定的公司或合作公司进行目的国的分发,派送到客户手中。专线物流的最大的优势是大批量集中运输,降低物流配送成本,因此,在价格上一般比商业快递要低。但是在时效上,包裹的派送效率较低,容易影响客户体验。

专线物流模式是目前大型跨境电商首选的模式,该模式提高集中出货量、降低物流成本的方向与国内跨境电商市场的发展情况相适应。市面上最普遍的专线物流产品是美国专线、欧洲专线、澳洲专线、俄罗斯专线等,这也是因为这些区域的跨境电商发展迅速而成熟,客户需求量大。目前提供专线物流服务的公司很多,比较著名的有燕文物流、Equick、中环运、永利通达等。专线物流往往会推出特定的产品,比如中环运的"俄邮宝""澳邮宝"。

"俄邮宝"服务是深圳中环运国际物流与俄罗斯的物流公司 PONY EXPRESS 联手打造的专为中俄跨境物流设计的专线物流服务。其特点有以下几方面。

1. 时效优势

接到货物后 24 小时内即可上网,上网后派送时间是 15～30 天。

2. 价格优势

首重 0.1 千克收费只需 49 元,除了莫斯科与圣彼得堡以外,其他城市加收 8 元人民币挂号费,西伯利亚和远东地区加收 35 元/件的偏远附加费(参见表 3-6)。

3. 操作方便

专属俄邮宝操作系统,可在线打印订单,简化卖家的操作成本。在国内固定的收货地点深圳、广州、义乌、上海等地提供上门收货服务,为单日发货量在 8 千克以上的卖家提供免费上门取货服务。

表 3-6 俄邮宝服务价格与其他物流服务价格之比较　　　单位:元

重量(克)	俄邮宝	大陆 EMS	香港邮政	香港 EMS	新加坡 EMS	新加坡小包
100	49	155	24	168	148	23
200	57	155	35	168	148	34
300	65	155	47	225	148	45
400	73	155	58	225	148	56
500	81	155	69	225	148	67
600	89	200	80	303	191	78
700	97	200	91	303	191	89
800	105	200	103	303	191	100
900	113	200	114	303	191	111
1 000	121	200	125	303	191	122
1 100	129	245	136	381	234	133
1 200	137	245	147	381	234	144

资料来源:根据中环运官网整理,http://www.zhy-sz.com/。

"澳邮宝"则是中环运与澳大利亚邮政联手合作推出的面向中澳跨境国际物流需求的专线物流服务。它具有快捷,价格低,全程服务到位等特点。6~10个工作日即可将货物送至澳大利亚买家手中,而整体的价格远低于常规物流服务方式的价格。此外,"澳邮宝"快递和挂号均可提供全程的在线追踪服务,实现物流的可视化。"澳邮宝"专线在澳大利亚目的国的配送服务范围遍及澳大利亚全境。

(五)海外仓物流模式

海外仓储服务是指卖家为降低物流成本和提高物流效率所采取的在销售目的地进行的货物仓储、分拣、包装和配送的集约化一站式服务。具体来说,海外仓物流模式包括头程运输、仓储管理和本地配送三个部分。头程运输:中国商家通过海运、空运、陆运或者联运将商品运送至海外仓库;仓储管理:中国商家通过物流信息系统,远程操作海外仓储货物,实时管理库存;本地配送:海外仓储中心根据订单信息,通过当地邮政或快递将商品配送给客户(参见图3-3)。

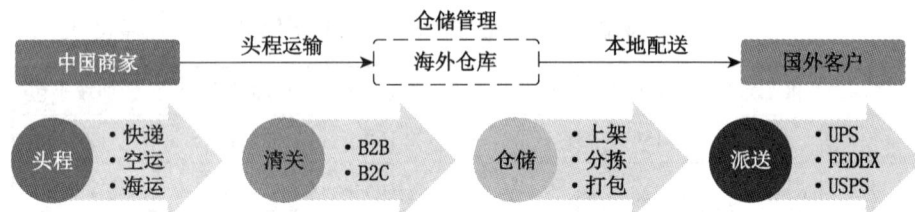

图3-3 海外仓物流模式(示意)

根据运营主体的不同,海外仓可以分为自营海外仓和第三方公共服务海外仓,相应的海外仓建设分为电商自行建设和物流企业建设两种模式(参见表3-7)。

表3-7 海外仓建设模式

建设模式	特点	典型代表
电商自行建设	电商资金投入大,运营能力要求高,服务有保障,综合物流服务弱,一般不公用	兰亭集势
物流企业建设	各类型物流企业创建,物流综合服务能力强,提供公共服务,对电商与物流企业的配合要求较高,服务不稳定	出口易、递四方、斑马

1. 自营海外仓

自营海外仓是指由出口跨境电商企业建设并运营的海外仓库,仅为本企业销售的商品提供仓储、配送等物流服务的物流模式,如京东物流体系、苏宁物流体系,兰亭集势在欧洲、敦煌网在北美设立海外仓等。

自营海外仓的业务流程:

步骤 1:出口跨境电商商家委托物流承运人通过传统的海运、空运等外贸物流方式将货发至本企业经营的海外仓库。

步骤 2:运营海外仓模式需建立两套物流信息系统,即出口跨境电商本企业的物流信息系统与海外仓储系统。出口跨境电商利用本企业的物流信息系统,远程操作海外仓储的货物,实现两套物流信息系统的对接,保持实时更新。

步骤 3:海外仓储系统根据出口跨境电商的订单指示,对货物进行存储、分拣、包装、配送等操作。

步骤 4:系统信息实时更新。发货完成后,出口跨境电商的物流信息系统会及时更新以显示库存状况,实时掌握消费者的需求变动。

2. 第三方公共海外仓

第三方公共海外仓是指由第三方物流企业建设并运营的海外仓库,为众多的出口跨境电商企业提供清关、入库质检、接受订单、订单分拣、多渠道发货、后续运输等物流服务的物流模式。第三方公共海外仓的业务流程基本与自营海外仓的业务流程无异,只是换了海外仓的运营主体,由原来的自营换成了第三方物流公司为运营主体,因而需将出口跨境电商的物流信息系统与第三方物流信息系统进行对接,实现实时更新。第三方物流公司根据出口跨境电商的指示,对货物进行存储、分拣、包装、配送等操作。

无论是自营海外仓,还是第三方公共海外仓,都是跨境电商模式的重大创新,解决了跨境物流的种种困境,为客户带来了良好的消费体验(参见图 3-4)。商家建立海外仓的成本较高,于是跨境电商承担起物流基础设施建设的责任,为商家提供仓储、分拣、配送等全流程服务。当前主要的跨境电商平台均在海外仓有布局。海外仓的盈利模式主要为商家租用收取费用,费用类型包括:仓库租用费、人工分拣费、配送费等,其中以配送费为最主要的收入来源。

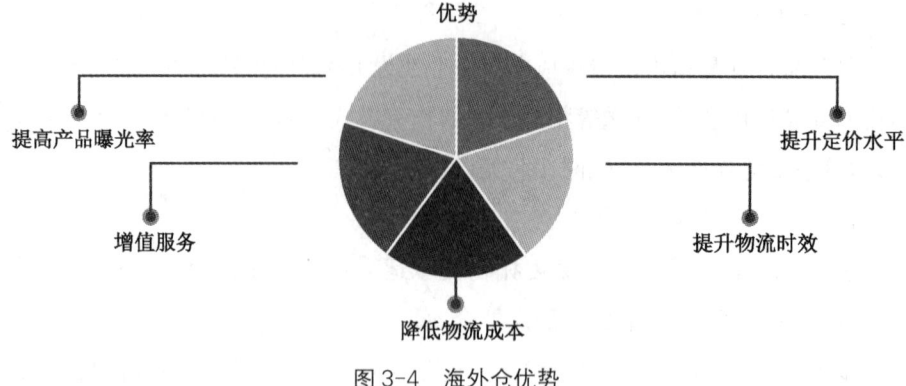

图 3-4　海外仓优势

海外仓关键优势可以归纳如下：

（1）海外仓本地发货，大大缩短配送时间，提高了配送效率；使用本地物流，一般都能在线查询货物配送状态，从而实现包裹的全程追踪；海外仓的头程运输是采用传统的外贸物流方式，按照正常清关流程进口，大大降低了清关障碍；本地发货配送，减少了转运流程，从而大大降低了破损丢包率，提高了货品的安全性，实现了风险控制；海外仓中存有各类商品存货，因此也能轻松实现退换货。

（2）海外仓扩大了运输品类，并降低了物流费用。其他的物流模式对运输物品的重量、体积以及价值有一定限制，导致很多大件物品和贵重物品都只能通过国际快递运送。海外仓的出现，不仅突破了物品重量、体积、价值的限制，而且其费用比国际快递商要便宜。以敦煌网在美国销售平衡车电动车为例，商品为平衡电动车，尺寸为 67 厘米×28 厘米×28 厘米，重量为 16 千克，总计台数为 2 470 台。通过案例分析发现，海外仓模式无论是运输成本、时效还是客户体验，都具有显著优势（参见图 3-5）。

（3）海外仓能够帮助提升销售额。海外仓克服了跨境物流的种种困难，给消费者带来了更好的购物体验，提高了订单转化率，吸引了更多的消费者购买，从而提升了销售额。

然而，对于自建海外仓的运营主体而言，如何选址是其建立海外仓的首要考虑因素，不仅要从物流配送全局的角度去考虑，还要考虑建仓当地的政策、语言、文化等软环境因素。出口跨境电商主体还需面对高额的自建仓库的成本支出。此外，专业的海外仓运营人才缺乏，海外仓还面临一定的法律风险。从法

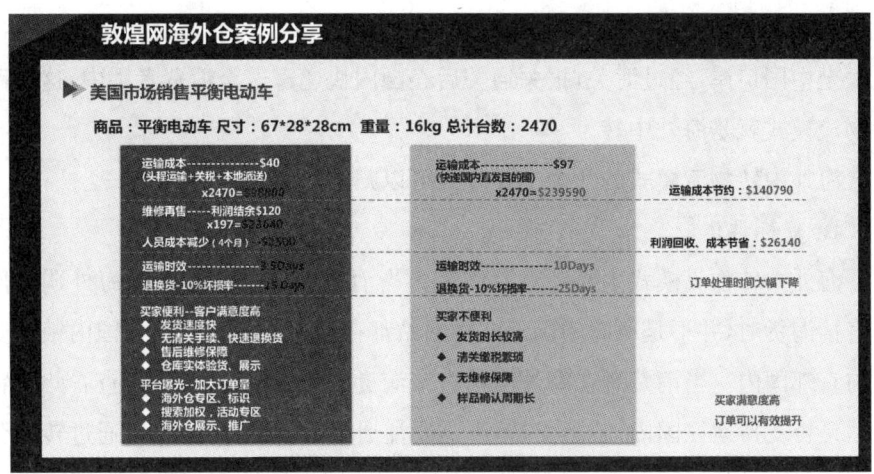

图 3-5 海外仓真实案例分析

律层面来看,海外仓应该是一家当地的实体企业,而不是简单的"仓库"。从海外仓给当地消费者配送商品,是一种买卖的商业行为,必须依法缴纳消费税、营业税或综合税。而雇佣当地的员工也应当符合所在地的劳动法和工会组织的要求。对于一些残次品或客户退换货的商品,需要在当地进行销毁处理的,还会涉及环境保护方面的问题。对于第三方公共仓库,因存在两套物流信息系统,出口跨境电商须远程操作海外仓储货物,所以可能存在信息登记更新不及时的现象,以及仓库与客服信息衔接不畅等问题。

进口跨境电商物流

目前,国内几大电商平台采用的物流解决方案主要有:借助转运站或直邮模式、保税仓模式、直购海外仓模式。从实际情况来看,目前国内大部分电商平台主要以保税区合作模式为主,其一大优势是只收取行邮税,降低商品价格。

(一)海外中转物流模式

海外中转物流模式是指消费者在海淘过程中购买的商品由境外卖家发货投递到转运公司仓库,由转运公司代替消费者在位于国外的转运仓收货,收货

后再由转运公司委托第三方跨国物流或者转运公司自营跨国物流将商品再次发送至中国口岸,经过海关,报关通关后经国内快递寄送至消费者手中,这种跨境物流模式就是海外中转。

海外中转物流模式的几个主要方面可以归纳如下。

1. 目标群体

海外中转物流模式主要针对海淘客。当消费者(海淘客)登陆海外购物网站直接淘货时,并不是所有的国外购物网站都存在中文界面并支持国内银联支付与直邮国内。当消费者在海外网站直接淘货下单支付时,需要先查看此购物网站是否支持运往国内,若不支持,则需要注册成为转运公司会员,通过转运公司将所购商品邮寄回国内;若支持,则直接填写国内地址直邮到国内即可。然后等待收货,订单完成。

2. 最大弊端

在海淘链上,海淘转运退换货或许是消费者最为头疼的问题,除了成本过高导致消费者不愿意退换货外,程序烦琐也是消费者宁愿认栽的一大原因,所以客户体验度并不高。

3. 物流时效

海淘货物邮递时间主要由5部分组成:国外网站的发货时间、转运公司的仓库清理时间、飞机运输时间、海关清关时间以及国内第三方邮递时间。首先,一般国外网站发货到当地仓库,需3天左右。其次,转运公司开始清点货物,按国内地址进行货物的分拣包装。如果人手不足、货物过多,清仓时间就会比较长。一般来说,这一过程大概需要3天,最长5天。当然,遇到爆仓时就完全无法控制。再次,航运时间,以美国为例,美国将物品分为有主货和无主货,有主货的运输企业取得了美国运输安全管理局(TSA)和国土安全局(THS)的认证,货物可搭客机辅仓运输;而所有转运公司邮寄的货物都是无主货,需货机运输。最后,货物运抵各口岸,需向海关报关。根据货物种类,清关时间有短有长,衣服鞋帽类的物品比较快,化妆品、母婴用品较慢。验货完毕后,清关公司会通知国内的第三方快递公司到海关拉货,然后发往各地,到达最终客户端的平均时间为两周。

4. 转运费

海淘商品的转运费用多按照商品重量核算,一般采取"首磅(1 磅=

0.453 59 千克)价格＋续磅单价"的计算方式。据了解,目前国内最普通的转运费用是"8＋4"模式,即首磅 8 美元,续磅 4 美元。一件 4 磅的商品,转运费用就是 20 美元,约合人民币 125 元。

5. 转运流程(以海购丰运为例)

步骤 1:注册海购丰运(SFBUY)会员。使用邮箱或手机号码注册,关注并绑定海购丰运微信服务号,实时查看包裹路由,享受更多优惠。

步骤 2:获取转运仓地址,根据欲购商品所在区域就近选择合适的转运仓(参见图 3-6)。

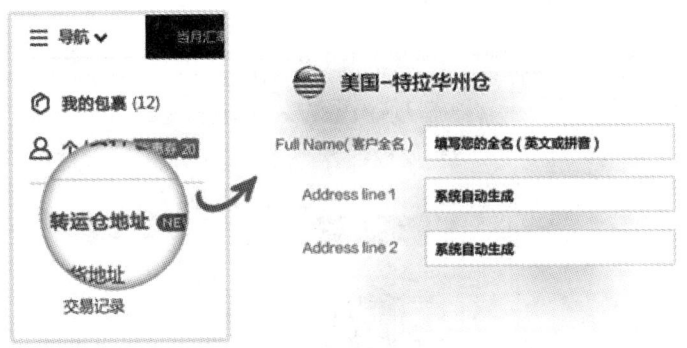

图 3-6　在海购丰运获取转运仓地址

步骤 3:新增收货地址,将收货地址提供给转运公司(参见图 3-7)。

图 3-7　在海购丰运新增收货地址

步骤 4:海外下单:在海外购物平台下单,并填写转运仓地址。

步骤 5:添加新包裹,通知转运公司订单号及物流运单号(参见图 3-8)。

购买完成后，在"我的包裹—添加新包裹"中输入海外商家物流单号，选择转运仓库和收货地址。
> 美、日、韩到中国大陆及港澳台流向需添加购物清单截图再进行提交。
> 中国大陆到新加坡流向无需上传物截图。

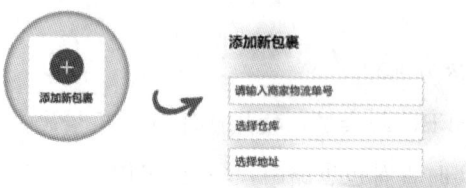

图 3-8　在海购丰运添加新包裹

步骤 6：转运仓揽收包裹：海外站点代收包裹，对包裹进行扫码、称重和入库。

步骤 7：申报并选择增值服务（参见图 3-9）。

待包裹入库后，包裹信息会出现在"我的包裹—待处理"中，您只需填写商品价格即可进行申报；
> 美国、日本、韩国到中国大陆及港澳台流向的包裹可根据个人需要下达拆箱、合箱等增值服务指令，如不需要则可选择直接出库。
> 中国大陆到新加坡流向的包裹可根据个人需要下达合箱指令，如不需要则可选择直接出库。

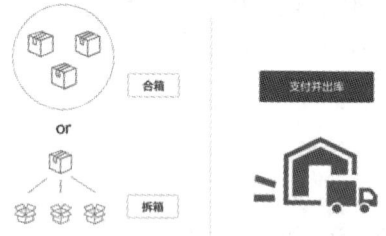

图 3-9　在海购丰运申报并选择增值服务

步骤 8：支付运费并出库（参见图 3-10）。

支付运费后包裹会下架出库，生成顺丰（SFBUY）运单号。

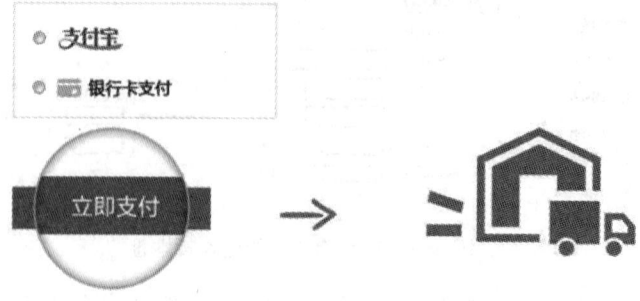

图 3-10　在海购丰运支付运费

步骤 9：海关清关，见图 3-11。

包裹将被空运至最合适的清关口岸，清关通过后，包裹进入派送环节。

图 3-11　海关清关

步骤 10：派送与用户签收：包裹到达收货目的地后，在家坐等顺丰小哥送货上门吧！

（二）EMS、快递直邮模式

EMS、快递直邮模式又称为直邮进口模式，是指消费者从国外或者国内的购物网站上下订单，海外商品通过国际邮政、国际快递、海外仓、物流专线等多种直邮模式直接从国外仓库送到消费者手中。

直邮进口模式是以订单为前提，先有订单才有后续的物流活动，因而在这种情况下，在选购商品的品类方面受到的限制少，国外市场的货品供应丰富，消费者拥有更大的选择余地。另外，直邮进口模式相对于海外中转模式来说，物流信息可追踪性及可视化程度高，用户体验相对更好。

但是，通过国际邮政、国际快递、海外仓、物流专线或空运等形式运送商品至消费者手中，要么运费较高，要么运输时间较长。先订单后发货模式导致全程物流时间长，清关速度的变化导致物流时间不可控，货物数量、品类存在被税风险，甚至被退运风险，售后服务存在瓶颈。在直邮进口模式下，一件件商品从国外直接打包发货，大量碎片化的订单加大了中国海关的查验难度，降低了通关效率。

直邮进口模式适合小规模零碎的 B2C 模式对物流的需求。它速度快，有四大快递、万国邮政等完备的服务体系，过程相对简单，适合不愿操心的小卖家（参见图 3-12）。

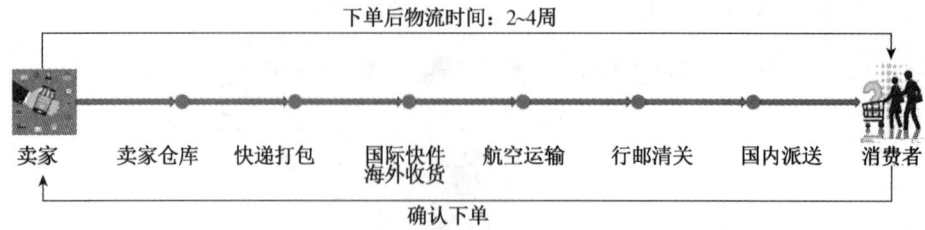

A国生产商—A国空港—航空运输—B国空港—B国行邮处—B国快递—B国消费者

图 3-12　直邮进口模式操作流程

(三) 保税备货模式

2013 年 8 月,上海、重庆、杭州、宁波、郑州 5 座城市获国务院批准实行跨境电商"保税进口"试点城市模式,拉开了跨境电商保税进口的序幕。此后,广州与深圳也加入此行列。2014 年 7 月,海关总署发布第 57 号公告,增列"保税电商 1210"编码,"保税进口"模式得到认可。

保税备货进口模式是指电商企业先根据大数据分析提前将热卖商品批量运入自贸区、保税区、保税仓库等海关特殊监管区域,发挥这些特殊监管区域的"保税"功能与"物流分拨"功能,再根据国内消费者网络订单情况,将相应商品从国内这些特殊监管区域交由物流企业直接配送至国内收货人的进口模式。以这种模式进口的商品以个人物品清关,不需要像传统进口商品那样经过烦琐的检验检疫程序,只需要缴纳较低的行邮税(2016 年 4 月 8 日起执行跨境电商进口综合税),大大缩短了消费者下单后的等待时间,与国内网购流程相似(参见图 3-13)。

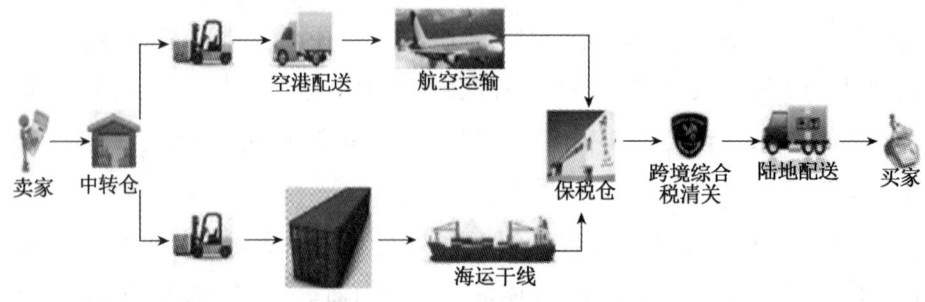

图 3-13　保税备货进口模式流程

在这个过程中,保税仓库是保税制度中应用最广泛的一种形式,保税仓库是指经海关批准设立的专门存放保税货物及其他未办结海关手续货物的仓库。保税仓库按照使用对象不同分为公用型保税仓库、自用型保税仓库。公用型保税仓库主要是由主营仓储业务的中国境内独立企业法人经营,专门向社会提供保税仓储服务。而自用型保税仓库则是由特定的中国境内独立企业法人经营,仅存储供本企业自用的保税货物。专用型保税仓库是保税仓库中专门用来存储具有特定用途或特殊种类商品的仓库,其中,包括液体危险品保税仓库、备料保税仓库、寄售维修保税仓库和其他专用型保税仓库。

在保税进口模式下,进口商品进入这些特殊监管区域可以暂缓缴纳进口税,免领进口许可证或其他进口批件,并在规定期限内复运出口,或办理正式进口手续,或提取用于保税加工。与直购进口相比,保税进口在很多方面有着明显的优势(参见表 3-8)。

表 3-8　直购进口与保税进口的比较

对比项目	直购进口	保税进口
模式类型	进口 B2C 模式	进口 B2B2C 保税备货模式
海关监管特色	电子订单、支付凭证、电子运单实时传输,实现阳光化清关	货物存放在海关监管场所,可实现快速通关
试用企业	代购、品类宽泛的电商平台、海外电商	品类相对专注、备货量大的电商企业
发货地点	国外	保税港区
时效	7~10 天	5 天以内
商品种类	更丰富	有限制

总体上来讲,保税进口模式的优势可归纳如下。

1. **运输成本低**

保税进口物流模式的国内物流段由国内物流公司提供服务,国际物流段则一般用一般贸易方式进口,因而在运输成本上,保税进口物流模式更加经济。进口商品从国外批量运输回来,分摊到每一件商品的运输成本要比直邮进口或从海外网站直购一单一单地发回国内的成本低。另外,跨境电商进口商品批量

运输一般可以采用海运方式,而直邮或直购则常采用空运方式,这样也可以节省一部分运输成本。

2. 关税成本低

传统贸易进口商品需要缴纳关税、消费税、增值税等进口税费,而以保税模式进口的商品实行保税和进口行邮税,总的税率要比传统贸易模式低。以电子产品为例,如果是传统贸易进口,其关税为 10%,增值税为 17%,综合税率为 28.7%。而保税进口模式下,商品是按照对入境旅客行李物品和个人邮递物品征收的行邮税计算的,综合税率在 10% 至 20% 之间。尽管两者的征税基价不同,但还是省了不少关税成本。虽然 2016 年 4 月 8 日起执行跨境电商进口综合税后这样的优势基本不再存在,但更重要的是保税模式规避了一些非关税技术壁垒。

3. 收货时间缩短

保税模式进口的商品已提前从海外备货至国内保税仓。消费者网络下单后,货物直接从保税仓通过国内物流运送给消费者。提前备货节省了国外运输段的时间,国内保税仓发货缩短了国内消费者的收货时间。在正常情况下国内消费者 3～7 天就可以收到从保税仓发出的商品。

4. 提供退换货服务

商家通常会在保税仓库内对热销产品进行定量的存货,这给消费者退换货提供了可能。跨境保税进口商品未过海关分拣线之前,可以全额退货退款;在收到商品 7 日内与国内网购一样可以申请退换货。换货只需发至国内保税仓库更换即可,且快递费在 10 元左右,较为低廉。

2016 年 3 月 24 日,财政部发布跨境电商进口税收政策并调整行邮税政策的公告。这一政策的出台对于实行保税备货模式的电商主体而言,是个不小的挑战。当前,保税进口模式还存在着很多劣势,集中体现在以下方面。

1. 库存管理成困难

保税备货模式下需要大量库存,单个企业因为无法及时地对商品作出灵活调整,往往出现产品爆仓和囤积等问题。实际运作过程中,由于采用的是备货存货模式,加上目前各平台对市场把控不是很精确,因此进口货物的量一直是各平台很头疼的问题,进货多了怕囤积,进货少了怕爆仓。

2. 产品品类受限

目前,保税备货模式集中大批量采购,商品种类结构较为单一,主要局限于母婴类、化妆品类、食品类等商品,且以热门商品为主,难以满足消费者日趋多元化的消费需求①。保税备货模式因其对产品的量有较大的要求,无法灵活地根据市场动态作出细节调整,新兴、量少的货物覆盖率较低。而且提前备货的商品主要是一些规模化生产的标品,如奶粉、化妆品、电子产品等。

3. 购买金额和数量的限制

《关于跨境电商服务试点网购保税进口模式问题通知》中规定开展"保税进口"的试点网购商品以"个人自用、合理数量"为原则。海关总署公告 2010 年第 43 号《关于调整进出境个人邮递物品管理措施有关事宜》要求,每次限值为人民币 1 000 元,超出规定限值的,应按照货物规定办法办理通关手续。

在 2016 年 4 月 8 日跨境电商新税制实行前夕,财政部、发改委等 11 个部门共同公布了《跨境电商零售进口商品清单》。清单共包括 1 142 个 8 位税号商品,主要是国内有一定消费需求,可满足相关部门监管要求,且客观上能够以快件、邮件等方式进境的生活消费品,其中包括部分食品饮料、服装鞋帽、家用电器以及部分化妆品、纸尿裤、儿童玩具、保温杯等。

跨境电商物流的主要问题

跨境电商供应链,以进口为例,从海外采购,先到当地配送、海外仓储,再到出境报关、国际物流、入境清关、保税及完税仓储,最后到国内配送,整个链条非常长。跨境供应链物流不仅涉及关务,涉及不同国境的衔接,而且跨境供应链的物流仓储组合方式更多,出口国、跨境、进口国可以组合出非常多样的物流仓储链路,远比国内供应链复杂。跨境物流需要经过"本国物流—本国清关—国际物流—目的国清关—目的国物流"的程序,环节多,不可控因素大,导致物流时间偏长,物流风险大(参见图 3-14)。

---

① 蔡尚馨,陈蓉.我国跨境进口保税备货模式优势及面对的问题与挑战[J].对外经贸,2017(10):43-45.

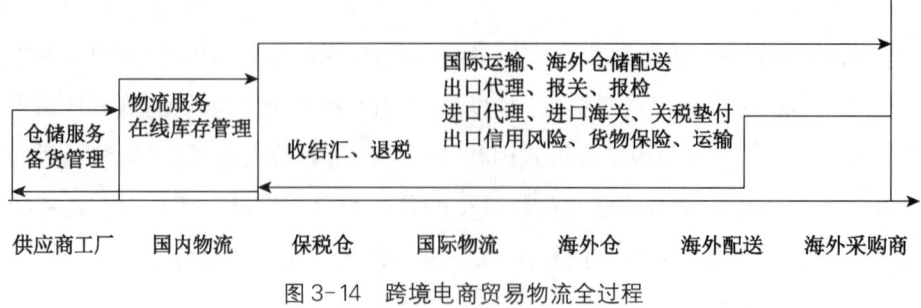

图 3-14 跨境电商贸易物流全过程

（一）物流成本高

国际快递虽时效能够保证，但会产生较高的成本，经常一笔订单的利润还不够支付快递费用。以空运一件美国 600 克的货品举例，FedEx、UPS 需要 121 元人民币（3～5 天），EMS 需要 118 元人民币（7～15 天）。此外，快递处理费则作为佣金收取，产生订单后，依照重量少则 3 元/件，多则 10 元/件。若卖家相应提高商品售价，则在与国外产品竞争时，会丧失价格优势。另外，由于卖家进行海外销售后，如果产品遇到质量问题，只能退回国内，这又增加了二次物流的时间成本和金钱成本。总体来说，国际物流成本整体偏高，甚至可能超出了货值。再以最实惠的中国邮政国际小包为例，邮寄 1 千克重量的物品至欧洲国家所花费的物流成本大约为 70～150 元人民币，巨额的物流成本不仅蚕食了卖家的利润，也削弱了产品在海外市场的竞争力，制约着跨境电商的发展。

（二）运输及配送周期长

从当前来看，使用中国邮政国际小包或香港邮政国际小包到俄罗斯、巴西等地，普遍的送达时间在 40 天至 90 天之间；而运往其他发达国家的物流时效平均来说至少在 1 个星期至 15 天之间。物流周期长不仅是因为路途遥远，也是源于跨境物流涉及国内外多个环节及各国针对物流的政策差异。使用专线物流稍微快些，但也需要 16～35 天到达。在 eBay 平台上，通过国际 e 邮宝，发往欧美的货物一般是 7～12 天送达。这些长达一周、两周甚至数月的配送时间，在考验海外用户耐心的同时，也严重制约了跨境电商的进一步发展。

（三）物流信息系统不健全

　　跨境物流涉及国内头程交货、缴费、海关清关及当地派送，如果是海外仓形式的物流渠道还涉及海外仓库操作和分拣等。物流企业跨境物流信息化水平不高，物流信息衔接不顺畅，大大影响了物流效率；无法实现包裹全程追踪导致客户体验度降低。跨境物流包括境内段和境外段。很多包裹出境之后，就无法追踪。对于一些小语种国家及俄罗斯、巴西等物流行业极不发达国家，就算拿到了运输单号，打开各种葡萄牙语、俄罗斯语、西班牙语网站，也未必能够查询到包裹的投递信息。要解决包裹的跨境全程追踪，一方面，国外段物流本身必须处于高度信息化水平；另一方面，需要将国内段配送方和国外段配送方的信息系统对接，以实现一站式全程追踪。显然，这是一项长期的艰巨工程。

（四）逆向物流功能缺失

　　跨境电商物流环节多、涉及面广，整个物流链条的各节点都会产生退换货物流，退换货也是困扰跨境电商的一大难题，电子商务的自身特点导致退换货比例高，物流周期长，货品易发生质量问题，货品易丢失，存在海关和商检的风险、配送地址易有误等一系列问题，这些都会导致退换货物流的产生。由于逆向物流的产生无法预测，随机性极大，信息系统设置跟踪难度很高，因此逆向物流通道阻塞往往会使得退换货物流成本比原始物流成本还要高昂。

　　无论是邮政包裹、商业快递，抑或是专线物流，都难以支持卖家提供退换货服务，主要有以下三个原因：一是跨境物流时间长。本身发货配送就需要数周时间，如果再换货重新配送，物流周期可想而知。二是反向物流成本高。商家发货，因为数量较多往往能够从物流服务商手中拿到一定折扣；如果退换货，则需要客户从目的国寄出，单件商品的物流费用显然非常高。三是对于商家来说，退换货其实是一种进口行为，可能遭遇海关查验，甚至缴纳一定的关税。

　　实践中，可以使用逆向物流优化策略，以具体的跨境电商物流方式为例，如：EMS的退回服务。海外仓对于解决退换货问题相较于其他跨境物流模式具有明显优势。对于其他的跨境物流模式来说，可拟从以下两个途径给出解决方案：第一，成立专门的为出口跨境电商提供退换货服务的退货公司；第二，尝

试将退换货视不同情况再处理后引入二手交易市场。

（五）清关障碍依然存在

跨境物流与国内物流最大的不同在于其需要通过两道海关关卡：出口国海关和目的国海关。在出口跨境电商中，物流的关键在于目的国海关，出现海关扣货查验时，处理的结果通常无外乎三种：直接没收、货件退回发件地和要求补充文件资料再放行。"没收"和"退件"带来的损失都是卖家难以承受的，而"补充文件资料再放行"无疑延长了配送时间，可能导致买家投诉甚至拒付。

跨境物流中造成清关障碍的原因主要来自两个方面：一是跨境电商卖家不重视进口国监管制度，比如低报货值或者没有取得相关产品认证；二是目的国海关的贸易壁垒，比如巴西海关几乎对每票包裹都要查验，并要求提供商业发票、收件人税号、货物价值声明等资料。

第 4 章

跨境电商税收

跨境电商使得传统的贸易方式发生了很多的改变，与之相关的税收政策、税收理论、征管手段也需要进行相应的改变。2016 年 3 月 24 日财政部会同海关总署、国家部务总局发布《关于跨境电商零售进口税收政策的通知》(下称"新政")，对于跨境电商产品税收进行调整。

进口纳税

(一) 税收新政

自 2016 年 4 月 8 日起,跨境电商零售保税进口商品将由原来征收行邮税[①]改为征收跨境电商进口综合税,税率按一般贸易进口税额的 70% 征收,关税为零。对于口岸直邮及个人快件仍按个人行邮税管理办法征税,但税率有所提高。2016 年 5 月 24 日财政部宣布新政缓期一年执行,但是过渡期内新政的税收政策和限额不变,只是暂停"正面清单"中需要提供通关单、首次进口许可证,以及注册、备案的要求。新政的税改增加了大部分跨境进口商品的税费,增加了消费者的税负,导致订单减少,利润骤减。

(二) 新政涉及调整的内容

1. 采用正面清单方式规定跨境电商零售进口商品种类

2016 年 4 月 7 日,财政部、发改委等 11 个部门共同公布了《跨境电商零售进口商品清单》。发布的第一批清单共包括 1 142 个 8 位税号商品,涵盖了部分食品饮料、服装鞋帽、家用电器、化妆品、纸尿裤、儿童玩具、保温杯等。4 月 15 日,在 4 月 7 日公布清单的基础上,根据国家有关法律法规,从支持跨境电商新业态发展、有利于电商企业平稳过渡的角度考虑,财政部、发改委、商务部等 13 个部门共同发布了《跨境电商零售进口商品清单(第二批)》。第二批清单共包括 151 个 8 位税号商品。此外,根据国家食品药品监督管理总局等的意见,其还对清单的商品备注进行了相应补充。

总的来说,两批清单涵盖了跨境贸易电子商务服务进口试点期间实际进口的绝大部分商品,可满足国内大部分消费者的需求,有利于跨境电商在前期试点基础上继续发展。

---

① 行邮税是行李和邮递物品进口税的简称,是海关对入境旅客行李物品和个人邮递物品征收的进口税。

2. 征税方式及行邮税调整

我国海关税收制度将课税对象分为两大类：一类是允许进出口的货物；另一类是允许进出口的物品。我国海关对进境货物征收进口关税和进口环节增值税、消费税；而针对非贸易属性的进境行李、邮递物品等，将关税和进口环节增值税、消费税三税合一，合并征收进境物品进口税，俗称行邮税。

此前，我国对个人自用、合理数量的跨境电商零售进口商品按行邮税征税，大部分商品税率为10％，税额不足人民币50元的免征。总体上低于国内销售的同类一般贸易进口货物和国产货物的税负。而税收新政对跨境电商产品税收进行调整，将现行的50元免税额度行邮税制，改为按照一般贸易中的增值税和消费税税额的70％予以征收。同时对个人行邮税率进行调整，由之前的10％、20％、30％、50％四档行邮税率，调整为15％、30％、60％三档（参见表4-1）。

表 4-1　2016 年行邮税税率表

税改前			税改后		
税目	适用商品种类	税率	税目	适用商品种类	税率
1	食品、饮料、书刊、影片、录音录像带、金银制品、计算机、摄录机、相机等信息产品	10％	1	书报、刊物、教育用影视材料；计算机、视频摄录一体机、数字照相机等信息技术产品；食品、饮料；金银；家具；玩具、游戏品、节日或其他娱乐用品	15％
2	纺织品、电视摄像机、其他电器、自行车、手表、钟表及其配件和附件	20％	2	运动用品（不含高尔夫球及球具）、钓鱼用品；纺织品及其制成品；电视摄像机及其他电器用品；自行车；税目1和税目3中未包含的其他商品	30％
3	高尔夫球及球具、高档手表等	30％	3	烟、酒、贵重首饰及珠宝玉石；高尔夫球及球具；高档手表；化妆品	60％
4	烟、酒、化妆品	50％			

除此之外，税收新政还对个人交易限额进行了规定，个人单次交易限额2 000元，年度限值为20 000元，超过限值则均按照一般贸易方式全额征税。2018年11月1日起，行邮税税目1降为25％，税目3和税目4降为50％。2019年1月1日起，跨境电商综合进口税执行个人单次交易限额5 000元，年度限值为26 000元。

　　财政部对本次新政进行解读时强调:对于进境的中国居民旅客携带在境外获取的个人自用、合理数量的物品限额免税,进境居民可在境外购买的免税物品价值为 5 000 元人民币,另外在机场国内免税店可额外购买 3 000 元人民币的进口商品,累计 8 000 元人民币,超出部分则按个人行邮税征税。根据新税制规则,大部分跨境商品进口税率将上升。新规考虑到大部分消费者的合理消费需求,在对跨境电商销售进口商品按照货物征税的同时,将单次免关税的交易限值提高至 2 000 元,同时设置个人年度交易免关税的限值为 20 000 元;在限值以内进口的跨境电商关税税率暂设为 0,而进口环节增值税、消费税取消低于 50 元人民币的免征税额,暂按法定应纳税额的 70% 征收。例如,食品、保健品、母婴用品、日用品类进口从过去的基本免征调整为缴纳购物总价11.9%的跨境增值税。实际上,关税本来是三税中最高的一块,现在免征额度升至 2 000 元,但增加了增值税和消费税,这样部分原本 1 000 元以内可享受免行邮税的化妆品,现在还需要额外缴纳消费税(参见表4-2)。

表 4-2　新政实施前后跨境电商税收对照表

	9610	1210	邮件	快件(个人物品)	旅客
说明	基于电子商务平台零售,入境采用单个包裹形式申报	基于电子商务平台零售,一线入区采和一般贸易+报税,二线出区单个包裹方式	通过邮政渠道进出境的个人物品	通过非邮政渠道进出境的个人物品	个人进出境旅客
范围	涵盖进出口	主要指出口	涵盖进出口	涵盖进出口	涵盖进出口
形态	B2C			个人	
监管对象	进口:申报企业,物流企业,电商平台,电商企业,支付企业		运营人(承运人)		个人
申报数据	进口:电子申报,清单,运单,订单,支付单		进口:运单,路单	纸质或电子数据,快件个人物品申报单,舱单或清单	纸质申报
通关作业	365 天×24 小时		二班制	海关正常办公时间内	
限额变化	单票多件 1 000 元,试点城市全年 5 万元		单件多件不超过 1 000 元,个人合理自用	个人合理自用	
	单票 2 000 元,购买人全国全年 2 万元				

（续表）

	9610	1210	邮件	快件（个人物品）	旅客
税率变化	行邮税率:10%、20%、30%、50%,50元税款以内免征(税基为零售价格)		行邮税率:10%、20%、30%、50%,50元税款以内免征(税基为零售价格)		
	一般贸易货物法定税额打7折(税基为零售价格)		15%、30%、60%,50元税款以内免征;旅客单次5 000(境外)元+3 000(境内免税店)元以内免征		
监管	遵循《中华人民共和国禁止进出境物品表》和《中华人民共和国限制进出境物品表》,商品编码监管,1210通关单,正面清单)		遵循《中华人民共和国禁止进出境物品表》和《中华人民共和国限制进出境物品表》,行邮税号监管		

新政之所以这么做,也有不得已的"苦衷":之前只征收一项行邮税的时候,部分商家为了不超过1 000元的免税额度,就把快递包裹化整为零,这种"蚂蚁搬家"方式的进口大大增加了海关的工作量,现在提高额度,希望能在一定程度上缓解这一矛盾。而至于增值税和消费税个人年度购买限额设为20 000元,无非是限制同一个身份证的重复使用。新政从根本上缩小了跨境电商与一般贸易进口之间的税收差别。

表4-2仅仅列出了跨境电商试点城市的海关特殊监管区域可实施保税备货进口模式,也就是海关新增的以1210代码申报的模式。为使得国内其他非试点城市但具有海关特殊监管区域可实施保税备货模式的地区也可以开展跨境电商零售,2016年下半年海关总署发布了2016年第75号公告《关于增列海关监管方式代码的公告》,大致内容如下:

为促进跨境贸易电子商务进出口业务发展,方便企业通关,规范海关管理,实施海关统计,决定增列海关监管方式代码,现将有关事项公告如下:第一,增列海关监管方式代码"1239",全称"保税跨境贸易电子商务A",简称"保税电商A"。适用于境内电子商务企业通过海关特殊监管区域或保税物流中心(B型)一线进境的跨境电子商务零售进口商品。第二,天津、上海、杭州、宁波、福州、平潭、郑州、广州、深圳、重庆10个城市开展跨境电子商务零售进口业务暂不适用"1239"监管方式。该规定自2016年12月1日起实施。"1239"与"1210"的最大区别就是后者免去了通关单,也就是降低了国际贸易的技术壁垒。

而对于进出口货物征税,根据进出口货物征税管理办法规定如下:"纳税义务人进出口货物时应当依法向海关办理申报手续,按照规定提交有关单证。海关认为必要时,纳税义务人还应当提供确定商品归类、完税价格、原产地等所需的相关资料。"我国目前对于大部分进口货物实行征收关税,代征进口增值税,部分货物还应向海关支付代征进口消费税。

(三)新政带来的改变

过去我国将进出境商品区分为货物和物品,执行不同的税制。其中,对进境货物征收进口关税和进口环节增值税、消费税;而针对非贸易属性的进境行李、邮递物品等,将关税和进口环节增值税、消费税三税合一,合并征收进境物品进口税,俗称行邮税①。此前,我国对个人自用、合理数量的跨境电商零售进口商品按行邮税征税,大部分商品税率为10%,总体上低于国内销售的同类一般贸易进口货物和国产货物的税负。

如今《关于跨境电子商务零售出口税收政策的通知》对于跨境电商产品税收进行调整,将现行的50元免税额度行邮税制,改为按一般贸易中的增值税和消费税率的70%予以征收(参见图4-1)。

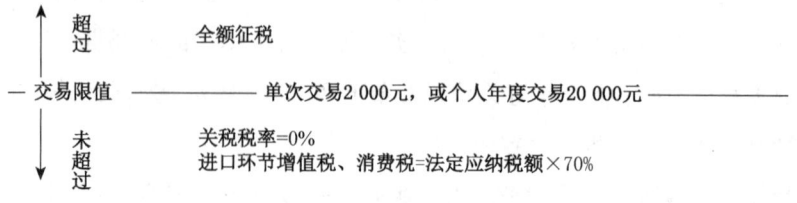

图 4-1　新政下跨境电商进口纳税变化

有两种特殊情况,仍按现行规定执行:一是不属于跨境电商零售进口的个人物品;二是无法提供交易、支付、物流等电子信息的跨境电商零售进口商品。

同时,对个人行邮税率进行调整,由之前的10%、20%、30%、50%四档行邮税率,调整为15%、30%、60%三档。从表4-1中我们可以发现各税目下的相关商品种类有所细化,最明显的变动就是高尔夫球具和高档手表的税率从30%提高到60%;原来属于税目4的商品税率,从50%提高到60%。原来税目1和税

---

① 李孟哲.跨境电商税收新政影响及对策分析[J].国际商务财会,2016(05):48-51.

目 2 的商品税率,分别从 10％和 20％,提高到 15％和 30％(参见图 4-2)。

税目1：税率15%	税目2：税率30%	税目3：税率60%
例如：计算机、照相机、食品、饮料、玩具、游戏品等	例如：运动用品(不含高尔夫球及球具)、钓鱼用品；纺织品及其制成品；电视、摄像机及其他电器用具；自行车等	例如：烟、酒；贵重首饰及珠宝玉石；高尔夫球及球具；高档手表；化妆品

图 4-2　改变:自 2016 年 4 月 8 日起,由之前的四档税目变成三档税目

下面我们来算笔账:新政后海淘或跨境保税备货要多缴税吗?

1. 食品、饮料、书刊等

- 改前行邮税:10％;50 元税额以下免。

- 改后行邮税:15％;50 元税额以下免。

- 改后综合税(增值税):11.9％。

- 50 元税额以下不免。

2. 相机、服装、自行车等

- 改前行邮税:20％;50 元税额以下免。

- 改后行邮税:30％;50 元税额以下免。

- 改后综合税(增值税):11.9％。

- 50 元税额以下不免。

3. 高尔夫、高档手表等

- 改前行邮税:30％;50 元税额以下免。

- 改后行邮税:60％;50 元税额以下免。

- 改后综合税(增值税＋消费税):47％。

- 50 元税额以下不免。

4. 烟、酒、化妆品等

- 改前行邮税:50％;50 元税额以下免。

- 改后行邮税:60％;50 元税额以下免。

- 改后综合税(增值税＋消费税):47％。

■ 50 元税额以下不免。

以上的税收均以增值税税率为 17％而得出，而 2018 年 5 月 1 日起我国的增值税税率调整为 16％。

出口退税

出口退税是指国家运用税收杠杆奖励出口的一种措施。例如，2015 年 10 月，南京出口跨境电商南京快悦电子商务有限公司首票退税申请成功，首笔入账金额为 963 元。该企业截至 8 月底，在南京海关隶属金陵海关通过"简化归类"后出口商品货值共计 305 万元，申报退税总额 19 万元[①]。但是，从客观上来讲，跨境电商出品退税面临着三大难题，导致出口退税进程迟缓。

（一）跨境电商出口退税难题

目前的问题是，出口企业无法向海关进行跨境贸易电商业务的出口申报，也享受不到一般贸易企业的出口退税。具体举例来说，现在的生产商出口一货柜产品到海外，这其中有 1/3 可能走的是传统贸易出口代理商渠道，2/3 通过跨境贸易电商出口。但是由于海关没有对应的分类部门对接，所有的产品都只能通过一般贸易申报。而且出口企业也无法从上游厂商那里拿出有效数据证明自己是一家跨境贸易电商企业，这也就导致即便有出口退税政策，跨境电商企业也难以享受政策的优惠。

目前，跨境电商出口退税面临三大难题："不愿退""不好退""不能退"（参见图 4-3）。

1."不愿退"

虽然国家制定了各种扶持中国跨境电商发展的各项政策和公告，如《关于实施支持跨境电商零售出口有关政策的意见》《关于跨境电商零售出口税收政策的通知》《关于外贸综合服务企业出口货物退（免）税的公告》等，但是电商企

---

①　张金良.南京"简化归类"跨境电商便捷退税［N］.国际商报，2015-10-16（A06）.

- 支付相关登记、报关等费用手续成本显著；
- 担心交易数据外泄，承担被税风险。

不愿退

不好退

不能退

- 电商企业零售出口商品种类多、境外目的地多、出口口岸渠道多，"三多"特点增加了出口退税难度；
- 涉及多环节，需要政府多部门合作；
- 信息共享不充分，信息传递不流畅。

- 上游中、小微企业不愿开具增值税发票；
- 电商企业须垫付增值税款，宁可"不征不退"。

图 4-3　跨境电商出口退税三大难题

业要实现出口退税，还需要支付相关登记、报关等费用，这对于零售电商企业来说，是一笔显著的手续成本。而且出口企业还担心交易数据会被税务部门用作征税依据。因此，它们不愿意主动申报相关信息，更不愿意按照"先征后退"办法办理出口退税，试点电商企业参与退税的热情并不高涨。

2. "不好退"

电商企业零售出口商品种类多、境外目的地多、出口口岸渠道多的"三多"特点增加了出口退税难度。而出口退税涉及生产、流通、海关、商务、外汇、税务等多环节，各职能部门之间协作配合不到位，信息共享不充分，要件传递不通畅，也增加了退税的难度。

3. "不能退"

电商零售出口企业以中小微企业为主，信息化水平低、运行机制不健全、行业自律不高等特点，直接影响企业出口退税。其上游企业多以小微企业或小作坊为主，不愿意开具增值税发票，即使开具增值税发票也需电商企业垫付增值税税款，出口企业宁可"不征不退"。

针对三大难题提出相应的建议：

（1）制定对电商零售出口企业尤其是小微企业的阶段性（临时性）税收政策，加大政策宣传和合理引导，让电商企业吃下定心丸，提高电商出口退税的积极性。

（2）进一步完善电商出口通关作业模式，在清单验放的基础上简化汇总申报操作，减少企业申报成本，提高电商企业通关的便利程度。

（3）健全跨境电商监管部门间协调配合机制。由各职能部门共同参与构筑跨境电商公共数据管理平台，建立跨部门职能有机统一的出口退税管理机制。海关部门加强对出口货物的真实性核查；税务部门打破异地或口岸限制，实施跨境电商企业征退税一体化管理。

（二）跨境电商出口企业享受退税的条件

同时符合下列条件的电子商务企业，可以享受增值税、消费税退税政策：

（1）电子商务出口企业属于增值税一般纳税人并已向主管税务机关办理出口退（免）税资格认定。

（2）出口货物取得海关出口货物报关单（出口退税专用），且与海关出口货物报关单电子信息一致。

（3）出口货物在退（免）税申报截止之日内收汇。

（4）电子商务出口企业属于外贸企业的，购进出口货物取得相应的增值税专用发票、消费税专用缴款书（分割单）或海关进口增值税、消费税专用缴款书，且上述凭证有关内容与出口货物报关单（出口退税专用）有关内容相匹配。

不满足以上条件但同时符合下列条件的，适用增值税、消费税免税政策：

（1）电子商务出口企业已办理税务登记。

（2）出口货物取得海关签发的出口货物报关单。

（3）购进出口货物确定合法有效的进货凭证。

（三）出口退税形式

（1）出口免税并退税，指货物在出口销售环节不征增值税，对货物在出口前实际承担的税收负担，按规定的退税率计算后予以退税。

（2）出口免税不退税，指货物在出口销售环节不征增值税，而且因为这类货物在前一道生产、销售环节或进口环节是免税的，因此出口时该货物的价格中是不含税的，也无需退税。

（3）出口不免税也不退税：出口不免税是指国家限制出口的某些货物在出口环节视同内销，照常征收；出口不退税是指这些货物不退还出口前实际负担的税款。适用这个政策的主要是税法列举限制出口的货物。

（四）出口退税货物应具备的条件

（1）必须属于增值税、消费税征税范围的货物。

（2）必须是报关离境的货物。

（3）必须是在财务上作销售处理的货物。

（4）必须是出口收汇并已核销的货物。

出口货物的退税率是出口货物的实际退税额与退税计税依据的比例,增值税的退税率是由国家规定的,根据货物的不同主要有 17%、15%、13%、11%、9%、8%、6%、5%等,2018 年 5 月 1 日起由于增值税税率由 17%降低为16%,出口退税税率最高也调整为 16%,其余的出口退税率也根据所征收的税率调低而做相应调低,具体可查询国家税务总局网站。

第5章

跨境电商
通关流程

　　大多数中小企业通过电子商务进入国际市场,因为不同国家间交易成本的存在,产品从生产开始,到进入国外消费者手中,有许多可以交易的环节。为了促进跨境电商通关便利,2012年8月起,海关在上海、重庆、杭州、宁波、郑州等城市组织启动了跨境贸易电子商务试点工作,并推出了非工作时间预约通关制度,也就是说,电商在非工作时间有通关需求的,可提前向海关提出申请,海关及时调配人力予以保障。当前,海关对跨境贸易电子商务监管已实行"全年(365天)无休日、货到海关监管场所24小时内办结海关手续"的作业时间和通关时限要求①。

----

① 张翼.跨境电商通关全年无休[N].光明日报,2015-05-17(002).

跨境电商通关

通关即结关、清关,是指进出口货物和转运货物,进出入一国海关关境或国境必须办理的海关规定手续。只有在办理海关申报、查验、征税、放行等手续后,货物才能放行。放行完毕叫通关完成。同样,载运进出口货物的各种运输工具进出境或转运,也均需向海关申报,办理海关手续,得到海关的放行许可。货物在结关期间,不论是进口、出口或转运,都是处在海关监管之下,不准自由流通。

(一) 通关作业流程

海关通关作业流程,是指在货物通关过程中,海关为对货物实施监督管理而进行的各种有规律性的业务操作与管理活动的过程。

(二) 通关模式

1. 属地申报,口岸验放

属地申报,口岸验放是指符合海关规定条件的守法水平较高的 A 类企业(最高级别为 AA 类,当前已经进入推广 AEO 认证阶段,分一般认证企业与高级认证)在其货物进出口时,可以自主选择向其属地海关申报,并在货物实际进出境地的口岸海关办理货物验放手续的一种通关模式。

2. 无纸报关,事后交单

经海关审核准予适用于该通关模式的企业(一般是诚信水平较高的 A 类企业或 AEO 认证企业)采取电子数据的方式录入报关单向海关申报,经海关审核满足计算机自动放行条件的,货物可在放行后在规定期限内向海关递交纸质报关单证。

3. 一地两检

进出口国双方口岸单位在同一地点,按各自查验标准,共同对出入境人员、交通工具和货物统一实行联合检查,从而简化对出入境旅客及货物车辆的验放手续,提高通关效率。

(三) 跨境电商通关中企业角色

跨境电商由三个独立主体构成:电商企业、物流企业和支付企业。在跨境电商交易活动中,电商企业先发送订单报文到海关系统,物流公司再发送物流报文到海关系统,支付公司最后发送支付报文到海关系统,这样订单、物流单、支付单在海关系统完成"三单对碰",海关放行后可提货出监管区由国内快递配送至顾客手中,完成整个跨境电商交易行为。

(1) 电商企业:根据海关、商检规定,在国内进行电子商务活动的电商企业要先以自己企业经营的业务范围在海关、商检进行企业备案,具体备案流程参考海关网站上的电商企业备案流程及要求。

(2) 物流企业:根据海关、商检规定,在国内参与跨境电商的物流企业也要到其从事跨境电商业务的所在地海关、商检备案,现只接受在中国大陆注册的物流公司,备案流程可参照海关跨境电商企业备案及要求,备案须注明是物流企业。

(3) 支付企业:按海关、商检规定,在我国进行跨境电商的支付公司要向海关备案并且完成与海关的对接,目前在广州海关完成系统对接的支付公司有 6 家,如支付宝、上海富友、盈盈通等。

跨境电商通关相关政策

根据海关总署 4 月 7 日发布的 2016 年第 26 号公告,其对跨境电商的通关管理做了以下规定:

(1) 跨境电商零售进口商品申报前,电子商务企业或电子商务交易平台企业、支付企业、物流企业应当分别通过跨境电商通关服务平台(以下简称服务平台)如实向海关传输交易、支付、物流等电子信息。进出境快件运营人、邮政企业可以接受电子商务企业、支付企业委托,在书面承诺对传输数据真实性承担相应法律责任的前提下,向海关传输交易、支付等电子信息。

（2）跨境电商零售出口商品申报前，电子商务企业或其代理人、物流企业应当分别通过服务平台如实向海关传输交易、收款、物流等电子信息。

（3）电子商务企业或其代理人应提交《中华人民共和国海关跨境电商零售进出口商品申报清单》（以下简称《申报清单》），出口采取"清单核放、汇总申报"方式办理报关手续，进口采取"清单核放"方式办理报关手续。《申报清单》与《中华人民共和国海关进（出）口货物报关单》具有同等法律效力。

（4）电子商务企业应当对购买跨境电商零售进口商品的个人（订购人）身份信息进行核实，并向海关提供由国家主管部门认证的身份有效信息。无法提供或者无法核实订购人身份信息的，订购人与支付人应当为同一人。

（5）跨境电商零售商品出口后，电子商务企业或其代理人应当于每月10日前（当月10日是法定节假日或者法定休息日的，顺延至其后的第一个工作日，12月的清单汇总应当于当月最后一个工作日前完成），将上月（12月为当月）结关的《申报清单》依据清单表头同一收发货人、同一运输方式、同一运抵国、同一出境口岸，以及清单表体同一10位海关商品编码、同一申报计量单位、同一币制规则进行归并，汇总形成《中华人民共和国海关出口货物报关单》向海关申报。

（6）除特殊情况外，《申报清单》《中华人民共和国海关进（出）口货物报关单》应当采取通关无纸化作业方式进行申报。

跨境电商通关服务平台

2014年8月，海关总署相继出台的第56号、第57号文件明确提到电商企业或个人可运用跨境电商通关服务平台进行分送集报、结汇退税。至此，"跨境电商服务平台"一词开始受到业内的广泛关注。到目前为止，主要出现了3种跨境电商服务平台，分别是跨境电商通关服务平台、跨境电商公共服务平台以及跨境电商综合服务平台。虽然这3种平台都服务于传统中小型外贸企业及跨境进出口电商企业，但却是分别由海关、政府和企业建设的，在整个进出口流程中把控着不同的环节，承担着不同的职能。3种平台之间相互联系，形成信息数据之间的统一交换和层层传递。

(一)跨境电商公共服务平台:政府企业面对面

跨境电商公共服务平台由政府投资兴建,其含义具有双向性:一方面,为各地政府的职能部门之间搭建公共信息平台;另一方面,服务于大众(主要是指外贸企业)。

阳光化的外贸环节众多,涉及国检(检验检疫)、国税(纳税退税)、外管局(支付结汇)、商委或外经贸委(企业备案、数据统计)等政府职能部门及银行结汇等,传统外贸企业需一一对接。而跨境电商行业多碎片化订单,每笔订单若都重复与职能部门对接将成为极其繁重的工作。

另外,政府职能部门之间也需要一个公共区域共享企业上传的数据,并进行数据采集、交换对比、监管等工作。

目前,公共服务平台均由各地政府自行建设,服务内容有所差异,界面操作也不同。这些地方性公共服务平台也普遍采用"三单比对"的方式进行监管,"三单"手续齐全并监管认可,才可享受正常的结汇退税。跨境电商公共服务平台在政府各职能部门之间形成了一个交集圈,也在政府与外贸企业之间搭建了一座沟通的桥梁。

(二)跨境电商综合服务平台:新兴代理服务

由于一些传统中小型外贸企业和跨境电商平台个人卖家在面对新出现的监管政策时,产生了不适应和紧迫感,而一些大型跨境电商企业在对接政府、海关等部门,处理跨境电商长链条环节上出现的问题上比较有经验,于是孕育出了跨境电商综合服务平台。

跨境电商综合服务平台一般由大型跨境电商企业建设,意在为中小企业和个人卖家提供代理服务,囊括了金融、通关、物流、退税、外汇等方面。目前,业内知名的综合服务平台主要有阿里巴巴建设的一达通、大龙网建设的海通易达等。

跨境电商综合服务平台在降低外贸门槛、处理外贸问题、降低外贸风险等方面为相关企业提供了便利和解决方案。目前,这类平台适用于小包裹、小订

单等多种业态,也将随着跨境电商的发展拓展出更深层次、更专业的服务。

(三) 跨境电商通关服务平台:海关总揽全局

全国首个统一版海关总署跨境电商通关服务平台已于 2014 年 7 月在广东东莞正式上线运营,这是一个为外贸企业进出口通关提供便利服务的系统平台,意在统一报关流程(参见图 5-1)。该平台所上传的数据可直接对接海关总署内部系统,可节省报关时间,提升通关效率。

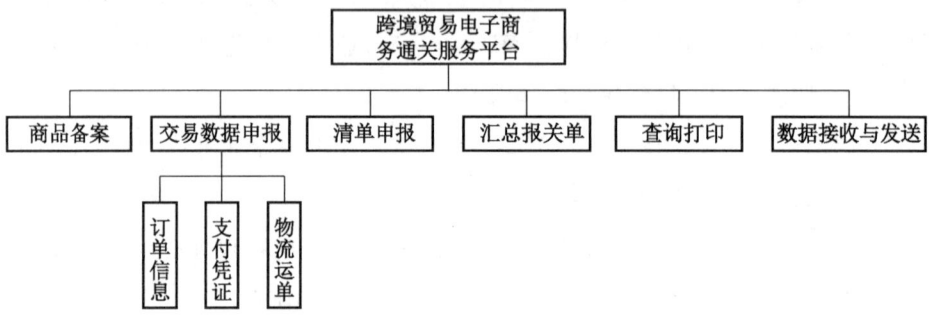

图 5-1 跨境电商系统功能结构图

跨境贸易电子商务通关服务平台系统是由中国电子口岸数据中心开发的,能够方便电子商务企业等单位向海关报送通过电子商务模式成交的进出境物品的通关数据。目前,该平台系统仅实现了出口业务的申报功能。该项目以"依托地方电子口岸,优化通关监管模式,提高通关管理和服务水平,实现外贸电子商务企业与口岸管理相关部门的业务协同与数据共享"为手段来解决以邮政、快件运输出境的跨境贸易电子商务预售商品快速通关、结汇、退税问题。

在跨境电商通关服务平台上,货物通关采用"三单比对"的方式进行监管。"三单"是指电商企业提供的报关单、支付企业提供的支付清单、物流企业提供的物流运单。"三单"数据确认无误后即可放行。将企业数据与海关数据进行匹配,可达到监管统计目的(参见图 5-2)。

从目前的统一版通关服务平台来看,其服务对象主要集中在小包裹的出口领域。但从实际操作上看,小包裹主要是个人或小卖家习惯使用的进出口方式,这类卖家大多存在"捞一票就走"的心理,使用通关服务平台会在短时间内

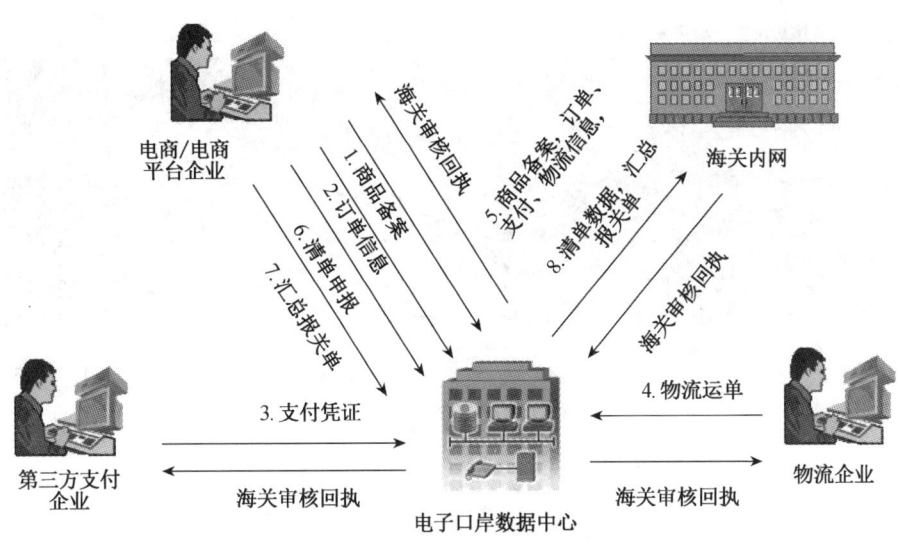

图 5-2　跨境电商系统数据流图

增加成本,作用微乎其微。因此,通关服务平台真正服务的对象应该是进出口规模较大的外贸企业小订单业务。

（四）跨境电商通关服务平台:典型案例

1. 深圳市跨境贸易电子商务通关服务平台

深圳市跨境贸易电子商务通关服务平台已于 2015 年 11 月 6 日正式上线试运行。该平台是由深圳市政府出资,委托深圳市南方电子口岸公司开发建设,具有公益性和公共性,为深圳下一步扩大跨境电商试点范围提供了技术保障。该平台将跨境电商企业的交易、支付、物流信息数据与深圳海关、深圳检验检疫局、深圳外汇局、深圳国税局、深圳市场监管局等政府监管系统实时对接,使监管部门能够及时掌握跨境电商的真实交易情况,做到提前审核、提前监管、真实有效、信息共享(参见图 5-3)。

该平台于 2015 年 6 月 10 日已实现了与深圳检验检疫监管系统的对接,在前海湾保税港区里注册的跨境电商企业,可以通过平台实现商品的网上报检。目前,该平台已经分别与深圳市市场监管委和深圳海关的监管系统实现了对接,并于 2015 年 11 月 6 号开始"边测试,边运行",全面开展跨境电商进口物品

图5-3　深圳市跨境贸易电子商务通关服务平台

通过平台向海关等监管系统申报的实战操作。

2. 浙江省跨境电商通关服务平台

浙江省"一站式"大通关公共服务平台——中国（杭州）跨境电商综合试验区"单一窗口"平台由浙江电子口岸有限公司建设和运营维护。

浙江省大通关公共服务平台按照"政府主导、海关牵头、联合共建、实体运作"的建设运行机制，由浙江省人民政府主导，杭州海关等12家政府部门、企事业单位共建（参见图5-4）。

为大力促进改革创新，积极探索跨境电商管理新模式，浙江电子口岸承担中国（杭州）跨境电商综合试验区"单一窗口"平台建设。平台建设内容主要包括：建设三个中心（统一认证中心、数据交换中心、大数据中心），提供两类服务（政务服务、综合服务），建设一个门户（"单一窗口"平台门户），构建支撑综合试验区建设的"六体系两平台"信息化服务保障体系，旨在打通跨境电商"关、检、

图 5-4　浙江省大通关公共服务平台共建单位

汇、税、商、物、融"之间的信息壁垒,建成覆盖货物贸易与服务贸易的国际贸易
"单一窗口"服务平台,对接国际"单一窗口",实现"一次申报、一次查验、一次放
行",满足"信息互换、监管互认、执法互助"的要求。目前,该项工作已被列为杭
州市 2015 年电子政务建设重点项目。

　　2014 年 5 月 20 日,杭州跨境电商通关服务平台门户——"跨境一步达"正
式上线运行,该平台旨在通过专业化的电商进出口业务服务、消费者海淘服务,
为跨境电商企业及国内消费者提供便捷的通关、退税、结汇、身份认证、查询等
服务(参见图 5-5)。

　　3. 宁波跨境贸易电子商务服务平台

　　宁波跨境贸易电子商务服务平台是跨境试点项目的主要建设任务之一,平
台整合商贸基础信息资源,规范电子商务数据标准,搭建数据中心,实现数据共
享,提供电子商务通关、物流、数据交换、外贸协同、商务信息、商务信用等综合
服务,并为国内跨境消费者提供实名身份备案、年消费额度控制、税单查询、商
品防伪溯源查询等服务,为其提供一条阳光、便利、放心的跨境网购新渠道(参
见图 5-6)。

图 5-5　杭州跨境电商通关服务平台门户——"跨境一步达"

图 5-6　宁波跨境贸易电子商务服务平台——跨境购

针对进口电商企业物流成本较高、非正规通关存在法律风险等问题,宁波跨境贸易电子商务服务平台为进口电商企业缩短通关时间,降低物流成本,提升利润空间,解决灰色通关问题,打造一条透明、阳光、便捷的跨境通道。

4. 上海跨境电商公共服务平台

上海跨境电商公共服务平台将承担线上的"单一窗口"建设运营任务,为进出口电商和支付、物流、仓储等企业提供数据交换服务,为海关、检验检疫、税务、外管等部门提供信息共享平台(参见图5-7)。

上海跨境电商公共服务平台还将重点推进跨境电商出口的 B2B 通关服务模式,将邮路纳入跨境公共服务范围,在跨境综试区税收创新的基础上,探索实现电子化退税等服务。

图5-7　上海跨境电商公共服务平台

5. 河南省大通关公共服务平台

河南省电子口岸平台于 2015 年 2 月 6 日正式上线,已有应用项目 25 个,入驻企业 200 余家,日平均交换、处理业务量 5 万余单。初步形成了集通关、物流、商务服务于一体的河南省大通关公共服务平台,实现了与口岸部门和进出口企业的互联互通。河南省电子口岸平台(一期)应用项目功能涵盖政务协同、辅助申报及监管、通关一体化、跨境贸易电子商务、平台基础数据库,初步实现与海关、检验检疫、边防、机场、国税、交通、邮政、工商等单位的信息互联(参见图5-8)。

图 5-8　河南省电子口岸平台

2016 年 7 月 8 日,河南跨境电商通关平台一般模式进口系统与海关总署统一版系统实现成功对接。2016 年 7 月 29 日河南跨境电商通关平台一般模式出口系统上线。

河南跨境电商总署进口统一版系统依托河南电子口岸平台,由河南电子口岸有限公司开发建设,于 2016 年 7 月 8 日上线,平台覆盖一般进口、保税进口等功能,为跨境贸易电子商务进口业务提供数据交换、通关管理、在线申报等服务,实现业务的全流程信息化管理,实现关检合作三个一。业务现场覆盖机场、口岸作业区、邮政口岸、陆港等地。

河南跨境电商总署出口统一版系统是根据《河南省人民政府关于印发中国(郑州)跨境电商综合试验区建设实施方案的通知》(豫政〔2016〕28 号)中“跨境电商综合试验区以促进产业发展为重点,以扩大出口为主攻方向”的要求,依托河南电子口岸平台,由河南电子口岸公司开发建设的跨境电商通关平台一般模式出口系统,平台功能覆盖一般出口,为跨境贸易电子商务出口业务提供数据交换、通关管理、在线申报等服务,实现业务的全流程信息化管理。河南跨境电商通关平台检验检疫全申报系统主要针对空运快件、普货及邮政货物的申报及监管,包括数据通信、电子申报、电子审单、电子查验、放行核销、系统管理、查询统计等子系统。该系统实现空运入境全部货物的电子申报和审单,减少漏检、逃检,降低人工操作成本,提高通关效率。

6. 杭州、宁波、上海、郑州跨境电商服务平台的比较

杭州的跨境贸易电子商务服务平台以服务小额跨境电商出口业务为主,兼顾进口。它在电子商务跨境贸易出口方面实施"集中申报"模式,将电子商务跨境贸易纳入一般贸易货物管理;进口方面的通关业务模式为"保税进口",通过跨境贸易电子商务平台,境外销售商将境外商品集中报关进入保税区,然后在保税物流中心分批申报出区。

宁波的跨境贸易电子商务服务平台仅是与海关系统对接,实现信息共享的整合平台,不具有境外商品信息交换、订单下达与确认、货款支付、物流配送等电子商务购物网站功能。宁波跨境贸易电子商务服务平台目前仅进行进口业务的试点。

上海自贸区的跨境贸易电子商务平台包括"跨境通"网站、报关报检、进口税网上征缴、跨境外汇支付等系统。其中,"跨境通"是具有购买和支付等功能的开放性平台,经过实名认证的境内消费者通过该平台可先完成跨境购买和支付,再由商家进行电子报关报检,商品经海关征税后即可快速入境。上海的跨境贸易电子商务平台与海关系统对接,采用"仓储保税进口"与个人购买模式,实现保税仓库到个人消费者的直接销售,自动完成海关流转,具有质量有保证、税费有清单、物流有速度、售后有保障的优势,但目前仅限于服务进口业务。

郑州的跨境贸易电子商务平台 E 贸易是一个综合性服务平台,其服务主体是跨境贸易电子商务企业及第三方服务平台、物流服务提供商、金融服务机构等。它旨在探索解决当前跨境贸易电子商务发展中遇到的报关、结汇、退税等问题。通过该平台,消费者和中间商可以进行沟通,选择通关模式,包括集货通关、备货通关和快件通关三种。该平台目前的难点是需要解决物流关务数据的预申报以及企业和个人数据的直接对接问题。

跨境电商通关流程

（一）深圳跨境电商通关流程

深圳发布和实施了国内首批跨境电商通关地方标准。《跨境电商通关检验检疫基础术语》规定了跨境电商通关中的检验检疫一般业务和其他术语；《跨境电商通关检验检疫系统架构》规定了跨境电商通关检验检疫业务系统架构和架构设计要求；《跨境电商通关检验检疫业务流程》规定了跨境电商通关环节中涉及检验检疫业务管理的四种监管模式，包括备货进口模式、直购包裹进口模式、集货进口模式和出口模式，并给出了每种监管模式的指导性操作要点（参见图5-9）。

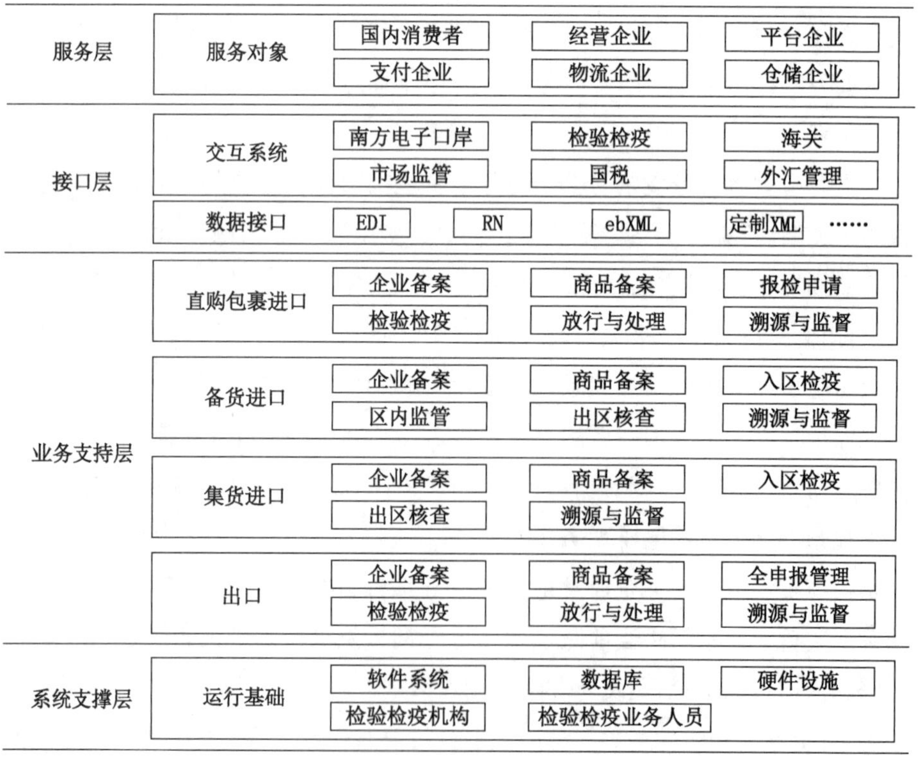

服务层	服务对象	国内消费者	经营企业	平台企业
		支付企业	物流企业	仓储企业
接口层	交互系统	南方电子口岸	检验检疫	海关
		市场监管	国税	外汇管理
	数据接口	EDI RN	ebXML	定制XML ……
业务支持层	直购包裹进口	企业备案	商品备案	报检申请
		检验检疫	放行与处理	溯源与监督
	备货进口	企业备案	商品备案	入区检疫
		区内监管	出区核查	溯源与监督
	集货进口	企业备案	商品备案	入区检疫
		出区核查	溯源与监督	
	出口	企业备案	商品备案	全申报管理
		检验检疫	放行与处理	溯源与监督
系统支撑层	运行基础	软件系统	数据库	硬件设施
		检验检疫机构	检验检疫业务人员	

图5-9 跨境电商通关系统架构

1. 直购包裹进口模式

直购包裹进口模式业务流程包括:企业备案、商品备案、报检申请、检验检疫、放行与处理和溯源与监督。直购包裹进口模式应按照快件和邮寄物检验检疫监管办法管理,其检验检疫业务流程(参见图 5-10)具体步骤如下:

步骤 1:电商通过通关服务平台向分支机构备案。

步骤 2:经营企业向分支机构办理报检手续。

步骤 3:分支机构根据报检资料计收费。

步骤 4:分支机构对商品实施现场查验工作。

步骤 5:对经检验检疫合格的商品,打印通关单并在申报簿上签章,之后放行。

步骤 6:对检疫不合格的商品,经检疫处理后合格的给予放行,不合格的进行退运或销毁;对检验不合格的商品,经技术处理后合格的给予放行,不合格的进行退运或销毁。

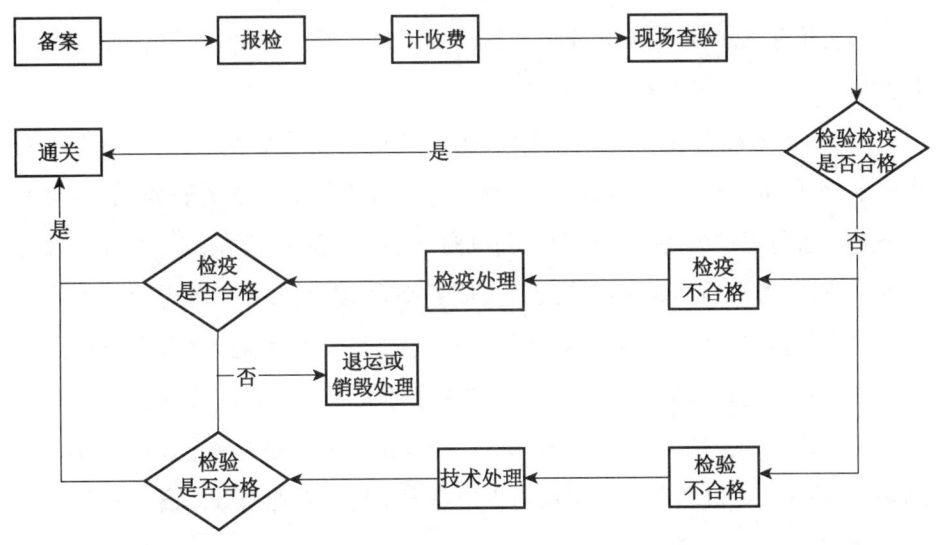

图 5-10　直购包裹进口模式检验检疫业务流程

2. 备货进口模式

备货进口模式业务流程包括:企业备案、商品备案、入区检疫、区内监管、出区核查和溯源与监督。备货进口模式检验检疫业务流程(参见图 5-11)应包括

备案、入区检疫、区内监管、出区核查、溯源与监督。

图 5-11 备货进口模式检验检疫业务流程

步骤 1:备案

在开展跨境电商业务前,跨境电商(简称"电商")应当通过通关服务平台向检验检疫分支机构(简称"分支结构")备案。企业备案流程(参见图 5-12)具体步骤如下:

(1)电商登录通关服务平台登记企业资料并提交。所需提供资料见附录 A 中表 A.2。

(2)通关服务平台通过电子商务可信交易公共服务系统对企业进行工商资质验证。

(3)开户完成后,通关服务平台按照要求进行数据处理,将已认证的企业备案信息发送至检验检疫监管系统。

(4)检验检疫监管系统对备案资料进行审核,对企业资料齐全且符合准入要求的企业,自动生成企业备案编号,审核通过并发送回执到通关服务平台,通关服务平台进行回执处理后发送回执到电商;对企业资料不全的或不符合准入要求的企业,反馈审核不通过回执到通关服务平台,通关服务平台进行回执处理后由发送回执到电商,电商进行资料补充或整改后重新提交至通关服务平台。

经营企业应在商品上线开展业务前通过通关服务平台向分支机构备案所经营的商品。商品备案由经营企业进行,经营企业可委托平台企业代理进行商品备案,但同一商品的备案结果仅对提出备案申请的企业有效。商品备案流程(参见图 5-13)具体步骤如下:

(1)电商应登陆通关服务平台进行商品备案,商品备案材料参见附录 A 中表 A.2。

(2)通关服务平台判断企业是否备案。对未备案企业,反馈退单回执。对已备案企业,通关服务平台判断该企业是否为检验检疫锁定状态,对已锁定企

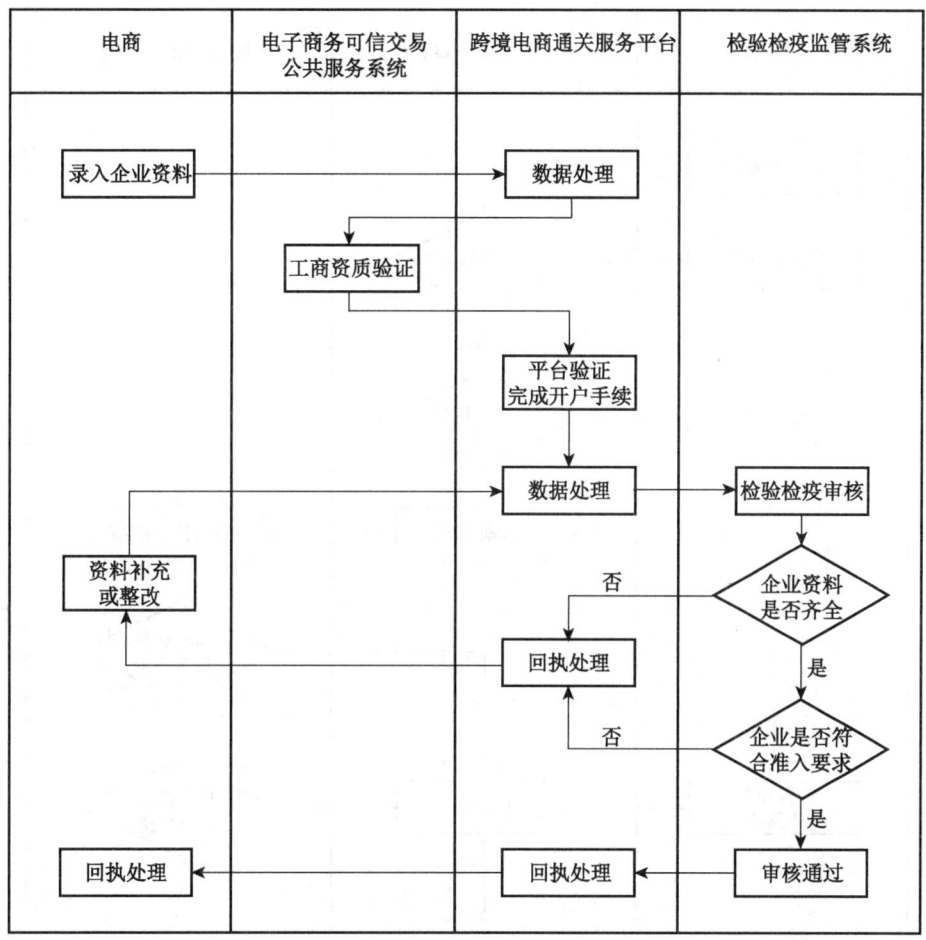

图 5-12　企业备案流程

业,反馈提示锁定回执并退单;对非锁定企业,通关服务平台将商品备案信息发送至检验检疫监管系统。

(3) 检验检疫监管系统对商品备案信息进行审核,检查核对商品备案资料是否齐全,是否属于禁止目录以及是否符合准入要求,对于审核通过的商品给予备案,将审核通过回执反馈到通关服务平台,通关服务平台进行回执处理后发送回执到电商;对于审核不通过的商品,将审核不通过回执反馈到通关服务平台,通关服务平台进行回执处理后发送回执到电商,电商进行资料补充或整改后重新提交至通关服务平台。

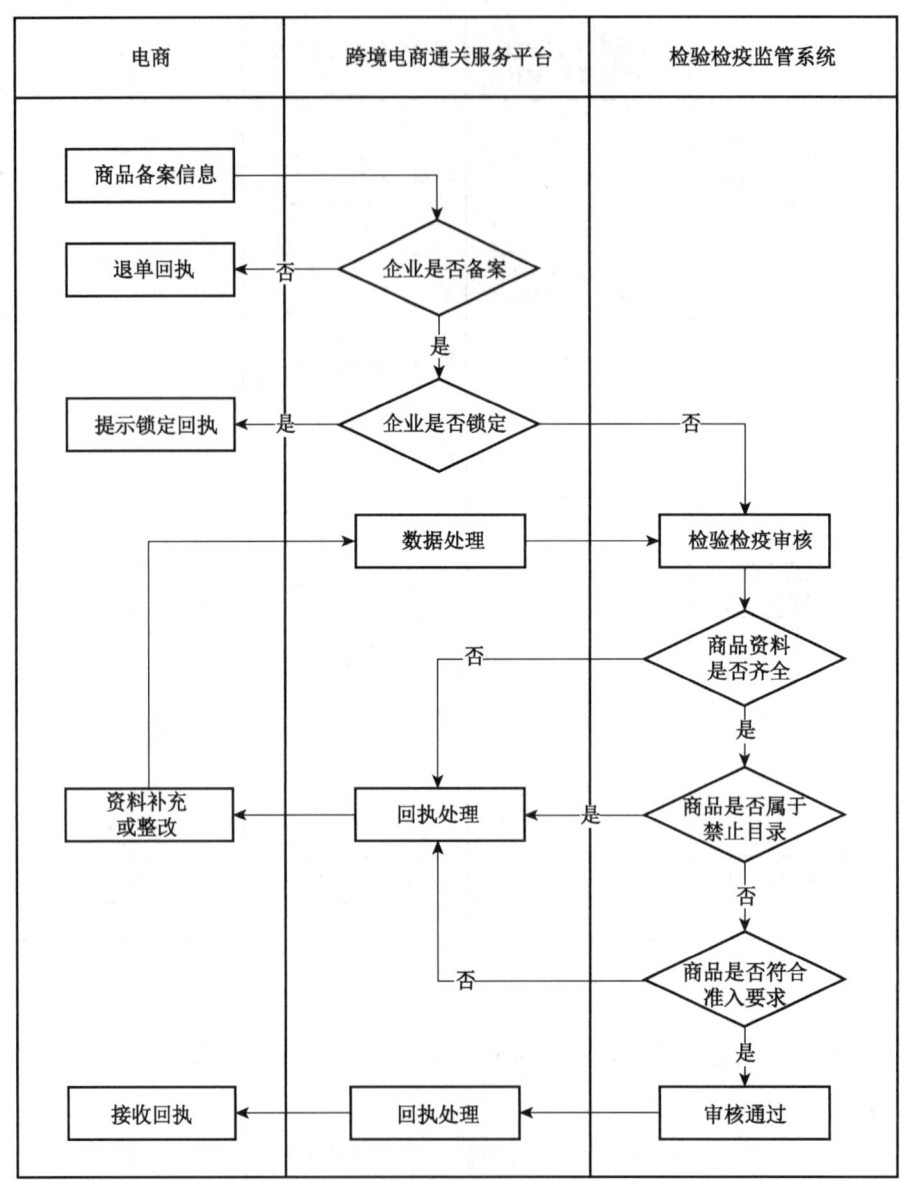

图 5-13 商品备案流程

步骤 2:入区检疫

商品入区时,电商应通过通关服务平台向分支机构申报入境商品信息,经与备案商品信息进行比对,信息相符的,分支机构准予商品入区并计入其入境商品台账;信息不符的,禁止入区。

入区商品涉及卫生检疫和动植物检疫的,经营企业应向分支机构报检,分支机构实施检疫查验。入区商品涉及检验的,按特殊监管区检验的相关规定执行。

入仓申报流程(参见图5-14)具体步骤如下:

(1)电商发送入仓申请单信息至通关服务平台,入仓申请单资料参见附录A中表A.3。

(2)通关服务平台判断企业和商品是否备案,对未进行企业、商品备案的,反馈退单回执给仓储企业。对企业和商品均已备案的,系统判断该企业或商品是否为检验检疫锁定状态,对已锁定状态,反馈提示锁定回执并退单;对非锁定状态的,通关服务平台将入仓申报信息发送至检验检疫监管系统。

(3)检验检疫监管系统对入仓申报信息进行审核后发送回执到通关服务平台,通关服务平台进行回执处理后发送回执到电商。

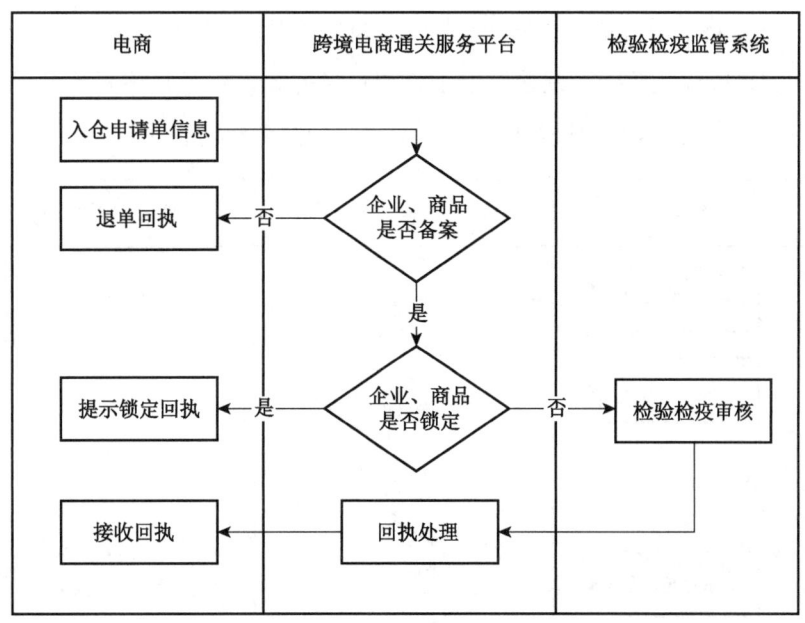

图 5-14　入仓申请单申报流程

步骤 3:区内监督

跨境电商商品经检疫合格后,应当存放在分支机构指定的监管仓库。分支机构根据需要对商品进行监督抽检。采信第三方检测结果的,应按相关规定执行。

监督抽检环节可与出区核查环节并行。监督抽检不合格的,禁止相应商品出区,已销售的商品责令经营企业召回;监督抽检合格的,允许销售。

步骤4:出区核查

跨境电商商品销售出区时,电商应通过通关服务平台向分支机构逐批进行三单申报。分支机构对出区商品进行核查,现场核查符合要求的,发放核放单,直接放行;现场核查不符合要求的,要求电商整改。

电子订单申报流程(参见图5-15)具体步骤如下:

(1)经营企业发送电子订单信息至通关服务平台,电子订单资料参见附录A中表A.4。

(2)通关服务平台判断企业和商品是否备案,对未进行企业、商品备案的,反馈退单回执。对企业和商品均已备案的,系统判断该企业或商品是否为检验检疫锁定状态,对已锁定状态,反馈提示锁定回执并退单;对非锁定状态的,通关服务平台将电子订单信息发送至检验检疫监管系统。

(3)检验检疫监管系统接收电子订单信息并自动审核后发送回执到通关服务平台,通关服务平台进行回执处理后发送回执到经营企业。

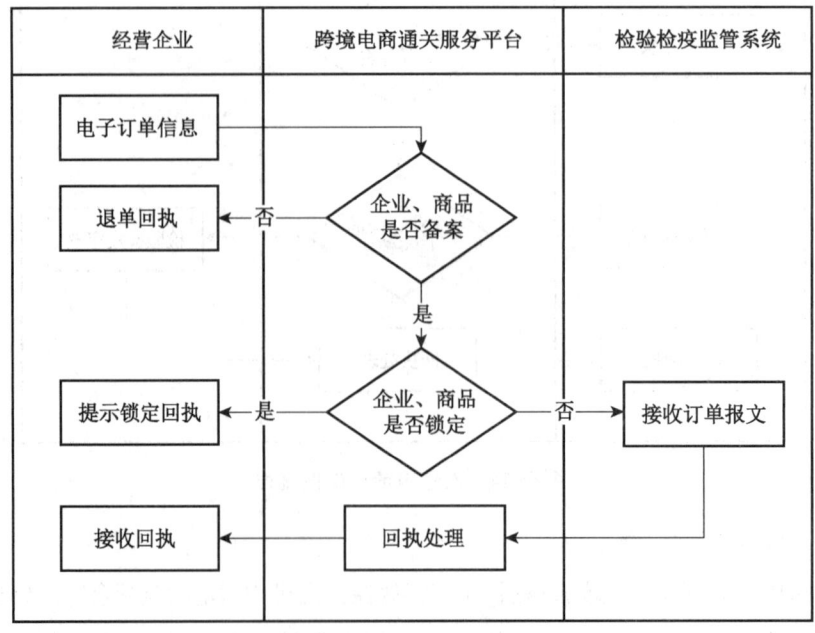

图5-15 电子订单申报流程

电子运单申报流程(参见图 5-16)具体步骤如下:

(1) 物流企业发送电子运单信息至通关服务平台,电子运单资料参见附录 A 中表 A.5。

(2) 通关服务平台判断企业和商品是否备案,对未进行企业、商品备案的,反馈退单回执给企业。对企业和商品均已备案的,系统判断该企业或商品是否为检验检疫锁定状态,对已锁定状态,反馈提示锁定回执并退单;对非锁定状态的,通关服务平台将电子运单信息发送至检验检疫监管系统。

(3) 检验检疫监管系统接收电子运单信息并自动审核后发送回执到通关服务平台,通关服务平台进行回执处理后由发送回执到物流企业。

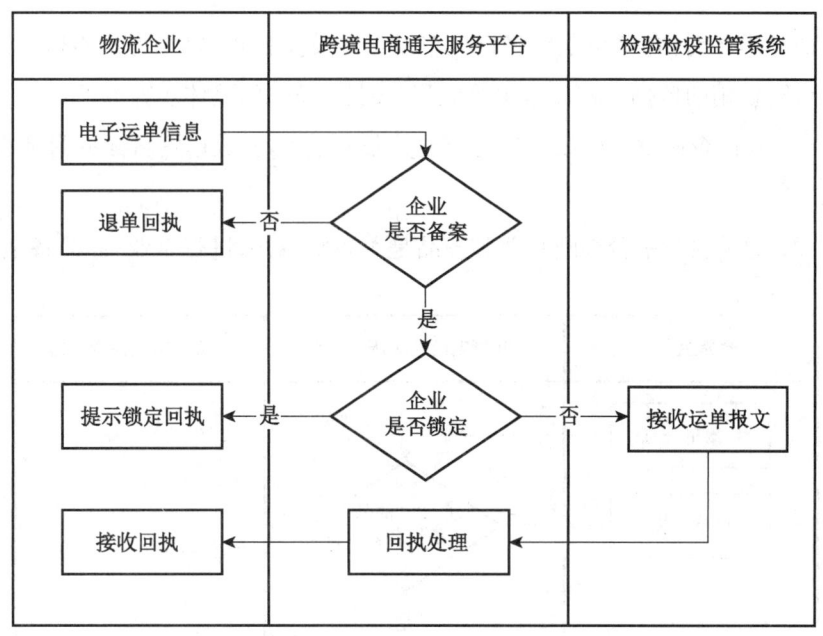

图 5-16　电子运单申报流程

支付凭证申报流程(参见图 5-17)具体步骤如下:

(1) 支付企业发送支付凭证信息至通关服务平台,支付凭证资料参见附录 A 中表 A.6。

(2) 通关服务平台进行数据处理后将支付凭证信息发送至检验检疫监管系统。

(3) 检验检疫监管系统接收支付凭证信息并自动审核后发送回执到通关服务平台,通关服务平台进行回执处理后发送回执到支付企业。

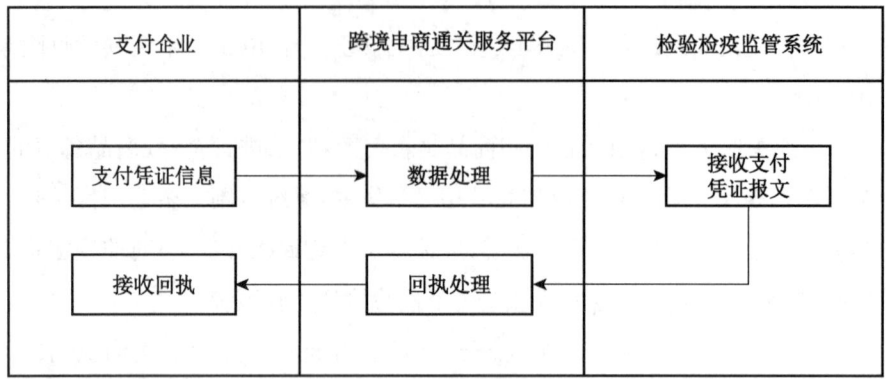

图 5-17　支付凭证申报流程

商品出区时,仓储企业应将核放单发送至分支机构,以作为检验检疫监管系统台账核销的依据。核放单申报流程(参见图 5-18)具体步骤如下:

(1) 仓储企业发送核放单信息至通关服务平台,核放单资料参见附录 A 中表 A.7。

(2) 通关服务平台判断企业和商品是否备案,对未进行企业、商品备案的,

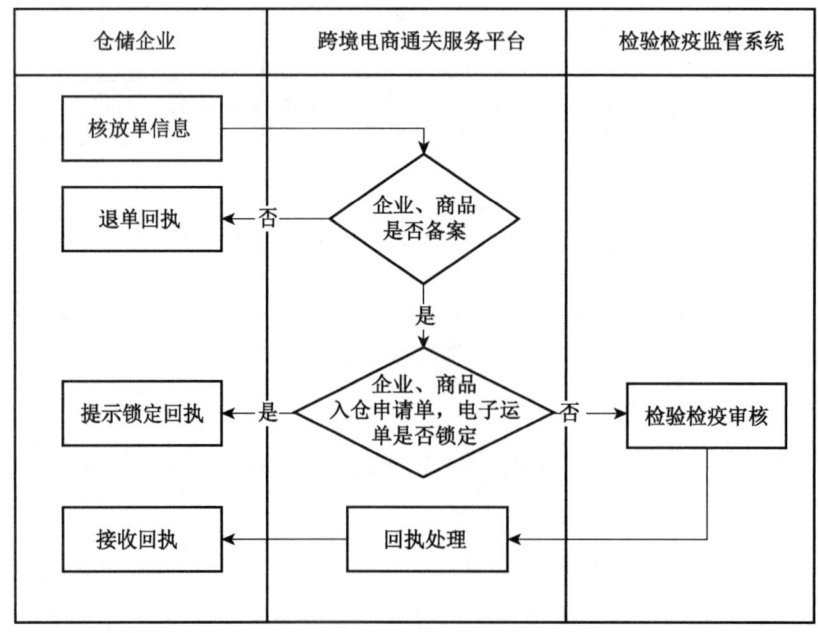

图 5-18　核放单申报流程

反馈退单回执给企业。对企业和商品均已备案的,系统判断企业、商品、电子运单、入仓申请单是否为检验检疫锁定状态,对已锁定状态,反馈提示锁定回执并退单;对非锁定状态的,通关服务平台将核放单信息发送至检验检疫监管系统。

(3) 检验检疫监管系统接收核放单信息并自动审核后发送回执到通关服务平台,通关服务平台进行回执处理后发送回执到仓储企业。

步骤 5:溯源与监督

分支机构应通过加贴防伪溯源标识、二维码、条形码等手段,建立以组织机构代码和商品条码为基础的商品溯源制度,以及建立质量安全管理制度对电商及其商品进行有效监督。对监督抽检不合格的商品,分支机构应监督经营企业作退运或销毁处理,并追究电商的责任。

检验检疫机构可建立风险管理与"负面清单"制度,对商品进行质量安全风险监控和分析,结果可作为电商诚信评价和商品准入的依据。

3. 集货进口模式业务

集货进口模式业务流程包括:企业备案、商品备案、入区检疫、出区核查和溯源与监督。

跨境电商通关的集货进口模式中的检验检疫业务流程和备货进口模式中的检验检疫业务流程基本相同,包括备案、入区检疫、出区核查、溯源与监督,不同之处是没有区内监管。集货进口模式相关业务流程应符合备货进口模式的相关要求。

注:集货模式与备货模式的差别在于:在集货模式中,先由消费者在电商网站上下订单,再由电商企业到境外购货;而备货模式中,先由电商企业在境外购货,备货于保税区中,再由消费者下单。

4. 出口模式业务流程

出口模式业务流程包括:企业备案、商品备案、全申报管理、检验检疫、放行与处理和溯源与监督。跨境电商通关的出口模式检验检疫业务流程(参见图 5-19)具体步骤如下:

(1) 备案包括企业备案和商品备案。备案流程应按照上述备货模式中的备案要求执行。

（2）商品申报。电商在检验检疫机构进行出口商品检验检疫申请和出境申报。

（3）检验检疫机构对跨境电商出口商品建立检验检疫闸口放行机制，根据申报资料判定商品是否为列入出口法定检验检疫范围内的商品，对未列入出口法定检验检疫范围内的商品，直接放行。

（4）对列入出口法定检验检疫范围内的商品，经检验检疫合格后核销放行；不合格的，进行退运或销毁处理。

（5）集中报检。列入出口法定检验检疫范围内的商品离境后，电商应在规定时间内集中向检验检疫机构进行报检。

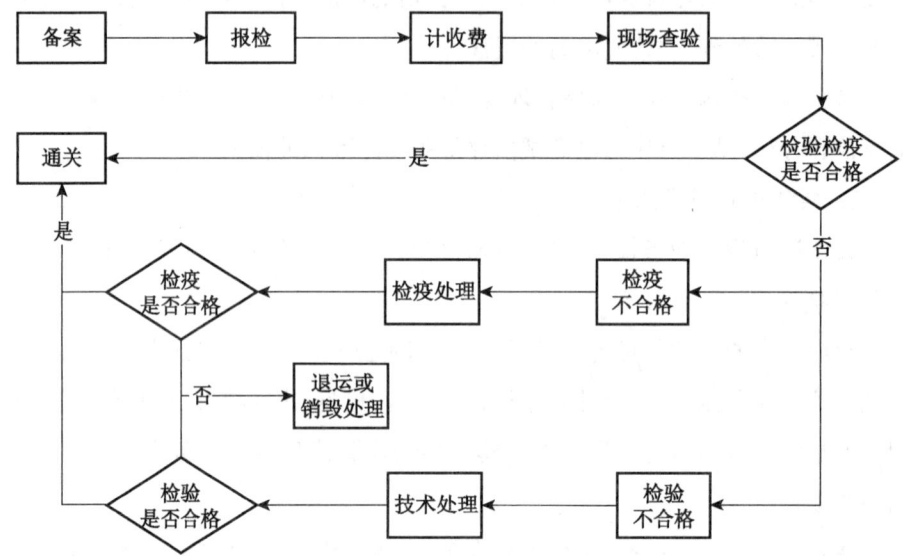

图 5-19　跨境电商通关的出口模式检验检疫业务流程

5. 跨境电商监管

跨境贸易的经营模式逐渐升级为无纸化、电子化、虚拟化，这使得跨境电商在全球经济格局中所占的比重越来越大。然而，我国的跨境电商的发展时间较短且发展速度过于迅速，在交易过程中还存在着监管方式滞后、监管力度不足、专业法律监管条文不够明确等问题，这使得跨境电商产品的质量安全得不到保障。

为了规范和加强跨境电商监管，有必要建立明确的出口监管流程（参见图

5-20)，利用现代信息技术，构建信息共享平台，将不同监管部门的信息进行整理、合并和公开。这样既有助于增强管理的透明度，也有助于提高小额跨境网购中政府在事前、事中、事后的监管效率。

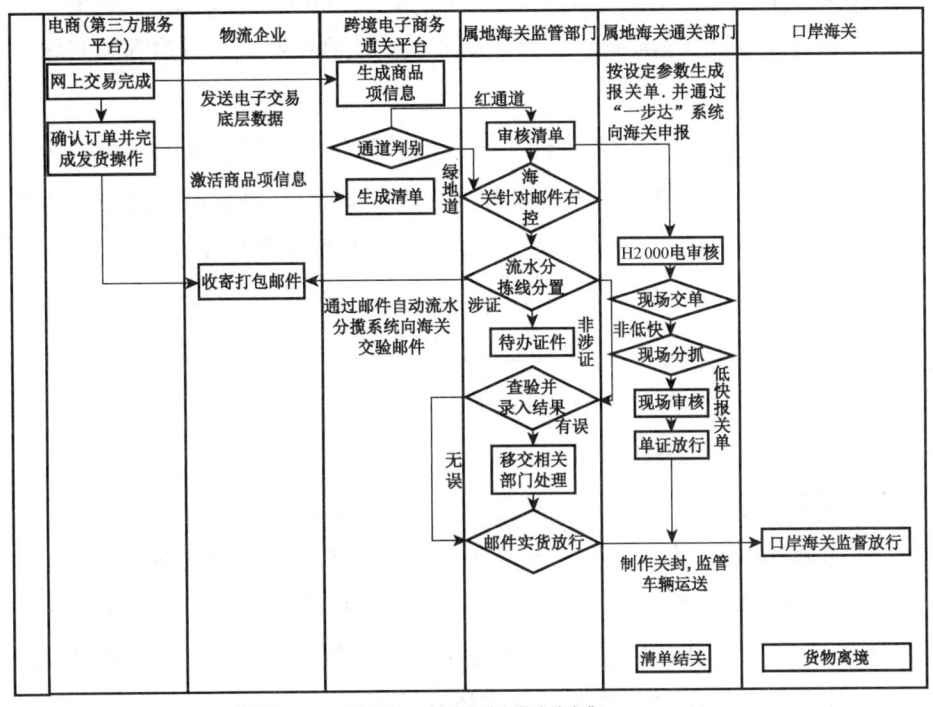

图 5-20　跨境电商出口监管流程

（二）杭州跨境电商通关流程

杭州海关对跨境电商实行"清单核放、集中纳税、代扣代缴"的通关新模式，实现跨境电商进出口 B2B、B2C 试点模式全覆盖，同时申报模式将更加简化。杭州跨境电商通关采取的是"一二三四"模式。

- "一"是指一个平台。
- "二"是指两个清单。
- "三"是指三种机制。
- "四"是指通关四步走。

一个平台:跨境一步达(www.kjeport.com)是综试区单一窗口的前身,它连通了海关、商检、电商平台、电商企业等,所有信息都能在其中找到。两个清单:分别是负面清单和风险目录清单,分别指不能通过电子商务交易的出口商品清单和需进行安全卫生项目评估的进口商品清单。三个机制:指备案机制、风险监测机制(总局批准杭州建立的风险监测中心)、质量追溯和问题处理机制。

通关四步走:《跨境电商零售出口检验检疫监管工作实施意见》(试行)第七条规定电子商务企业应向杭州局备案。企业备案通过"跨境电商通关服务平台"(即"跨境一步达")进行,备案时应提供以下材料:①备案申请书;②工商营业执照;③单位基本情况,包括经营场所、仓储场所、检验场所等相关情况说明;④质量管理制度,包括产品质量管理制度、不合格产品召回处置制度、消费者投诉处理制度等。

1. 出口通关作业流程

1) 申报

电子商务企业(以下简称"电商企业")或个人、物流企业应在电子商务出口货物申报前,分别向海关提交订单、支付、物流等信息。订单信息应包括订单号、运单号、商品名称、数量、金额等信息,支付信息应包括支付金额等信息,物流信息应包括运单号、承运货物的订单号、运抵国等。

以电商企业对企业(以下简称"B2B")模式出口的货物,电商企业应向海关提交《中华人民共和国海关出口货物报关单》(以下简称《出口货物报关单》)或《中华人民共和国海关出境货物备案清单》(以下简称《出境备案清单》),办理出口货物通关手续。《出口货物报关单》及《出境备案清单》中相应增加"电子商务"字段,以示区分跨境电商出口货物。

以电商企业对个人(以下简称"B2C")模式出口的货物,电商企业应向海关提交《中华人民共和国海关跨境贸易电子商务进出境货物申报清单》(以下简称《货物清单》),办理出口货物通关手续,海关不再将《货物清单》汇总成《出口货物报关单》或《出境备案清单》,《货物清单》数据在放行结关后纳入统一的海关数据归口管理。对不涉及出口征税、出口退税、许可证件管理且金额在人民币5 000元以内的电子商务出口货物,电商企业可以按照《进出口税则》4位品目进行申报;对超过 5 000 元以及涉及出口征税、出口退税、许可证件管理的电子商务出口货物,按现行通关管理规定办理通关手续。

电商企业需修改或者撤销《货物清单》的,按照海关现行进出口货物报关单修改或者撤销有关规定办理。

以 B2B 模式出口货物的转关手续,按照海关现行货物转关管理规定办理;以 B2C 模式出口货物的转关手续,采用直接转关方式,品名以总运单形式输入"跨境电商商品一批",并附商品清单,出口货物舱单按照总运单进行管理和核销。

除特殊情况外,《出口货物报关单》《出境备案清单》和《货物清单》应采取通关无纸化作业方式进行申报。

2)查验

海关按照现行风险管理和查验管理规定的要求,通过利用信息技术等手段,对出口货物进行布控和查验,同时实施不限时间、不限频率的机动查验。海关实施查验时,电商企业、海关监管场所经营人应按照有关规定提供便利,配合海关查验。电商企业、物流企业、海关监管场所经营人发现涉嫌违规或走私行为的,应主动报告海关。

3)征税

以 B2B、B2C 模式出口的货物,出口关税及出口环节代征税按照现行规定征收。

4)放行

电子商务出口货物的查验、放行手续应在海关监管场所内实施。

电子商务出口货物放行后,电子商务企业应按照规定接受海关后续管理。以 B2B 模式出口的货物发生退换货等情况,按照海关现有规定办理;以 B2C 模式出口的货物发生退换货等情况,退运货物应通过原出口的海关监管场所退回,并接受海关监管。

2. 进口通关作业流程

1)申报

电商企业或个人、支付企业、物流企业应在电子商务进口货物、物品申报前,分别向海关提交订单、支付、物流等信息。订单信息应包括订单号、运单号、

商品名称、数量、金额等,支付信息应包括支付类型、支付人、支付金额等,物流信息应包括运单号、承运物品的订单号、收件人、启运国等。

以 B2B 模式进口的货物,电商企业应向海关提交《中华人民共和国海关进口货物报关单》(以下简称《进口货物报关单》)或《中华人民共和国海关进境货物备案清单》(以下简称《进境备案清单》)办理进口货物通关手续。《进口货物报关单》及《进境备案清单》中应相应增加"电子商务"字段,以示区分跨境电商进口货物。

以 B2C 模式进口的物品,物品所有人或者其委托的电商企业、物流企业应向海关提交《中华人民共和国海关跨境贸易电子商务进出境物品申报清单》(以下简称《物品清单》),采取《物品清单》方式办理电子商务进口物品通关手续。

电商企业、物流企业或个人需修改或者撤销《物品清单》的,按照海关现行的进出口货物报关单修改或者撤销等有关规定办理。

以 B2B 模式进口货物的转关手续,按照海关现行的货物转关管理规定办理,其中进境指运地为特殊监管区域或保税物流中心的,按照直接转关方式办理;以 B2C 模式进口物品的转关手续,采用直接转关方式,品名以总运单形式输入"跨境电商商品一批",并随附物品清单,进口舱单按总运单进行管理和核销。

除特殊情况外,《进口货物报关单》《进境备案清单》和《物品清单》应采取通关无纸化作业方式进行申报。

2)查验

海关按照现行风险管理和查验管理规定的要求,通过利用信息技术等手段,对进口货物、物品进行布控和查验,同时实施不限时间、不限频率的机动查验。海关实施查验时,电商企业或个人、海关监管场所经营人应按照有关规定提供便利,配合海关查验。电商企业或个人、物流企业、海关监管场所经营人发现涉嫌违规或走私行为的,应主动报告海关。

3)征税

以 B2B 模式进口的货物,进口关税及进口环节代征税按照现行规定征收;以 B2C 模式进口的物品,以实际成交价格作为完税价格,按照行邮税计征税款(2016 年 4 月 8 日后凡是符合三单一致的跨境电商进口 B2C 商品,按跨境电商进口综合税计征,50 元以下的税收不再免收)。

海关凭电商企业或其代理人出具的保证金或保函按月集中征税。

4)放行

电子商务进口货物、物品的查验、放行均应在海关监管场所内实施。

电子商务进口货物、物品放行后,电商企业应按照规定接受海关后续管理。

以 B2B 模式进口的货物发生退换货等情况,按照海关现行规定办理;以 B2C 模式进口的物品发生退换货等情况,退运物品应通过原进口的海关监管场所退回,并接受海关监管(详细按照海关总署公告 2016 年第 26 号《关于跨境电子商务零售进出口商品有关监管事宜的公告》执行)。

3. 特殊监管区域或保税物流中心保税进出境货物、物品的监管和进出区管理

电子商务进出口货物、物品在特殊监管区域,或保税物流中心辅助管理系统上备案商品料号级账册,实施料号级管理。

B2B 模式通过特殊监管区域,或保税物流中心进出口的电子商务货物,按照本监管方案规定的进出口通关作业流程办理申报、查验、征税和放行手续。

B2C 模式电子商务进口物品,一线进特殊监管区域或保税物流中心,申报、查验和放行手续按现有规定办理,二线出特殊监管区域或保税物流中心,按照本监管方案规定的进口通关作业流程办理申报、查验、征税和放行手续,保税备货按跨境电商综合税计征税款。

B2C 模式电子商务出口货物,二线进特殊监管区域或保税物流中心,申报、查验、征税和放行手续按现有规定办理,一线出特殊监管区域或保税物流中心,按照本监管方案规定的出口通关作业流程办理申报、查验和放行手续。

(三)上海跨境电商通关流程

1. 上海跨境电商通关相关规定

在上海口岸从事跨境电商的电商企业、电商平台和电商物流集中监管场所的运营企业(以下简称"监管场所运营企业")应当向通关服务平台备案。备案时应填写跨境电商企业备案表,并提供营业执照、商品质量安全管理制度和质量诚信经营承诺书。电商企业、电商平台为境外企业的,应委托境内企业办理备案手续,并提供质量安全主体责任授权书。直邮进口通关流程参见图 5-21。

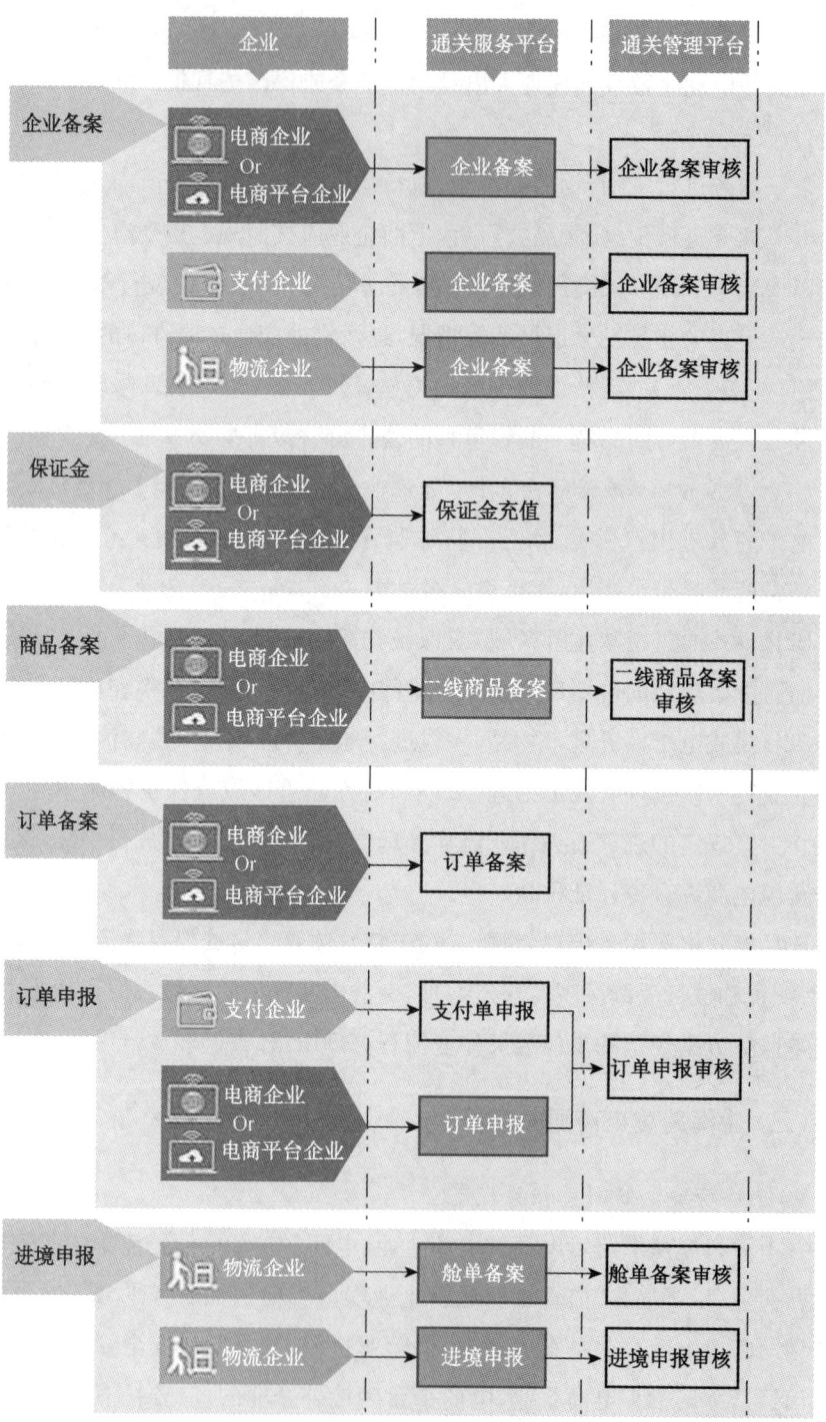

图 5-21　直邮进口通关流程

　　网购保税进口模式中,电商物流集中监管场所应符合检验检疫关于口岸仓储物流企业和检验检疫查验场站的安全卫生监管要求,建立并有效运行物流仓储安全管理和商品流向溯源管理等制度,配合检验检疫机构的查验监管工作(参见图 5-22)。

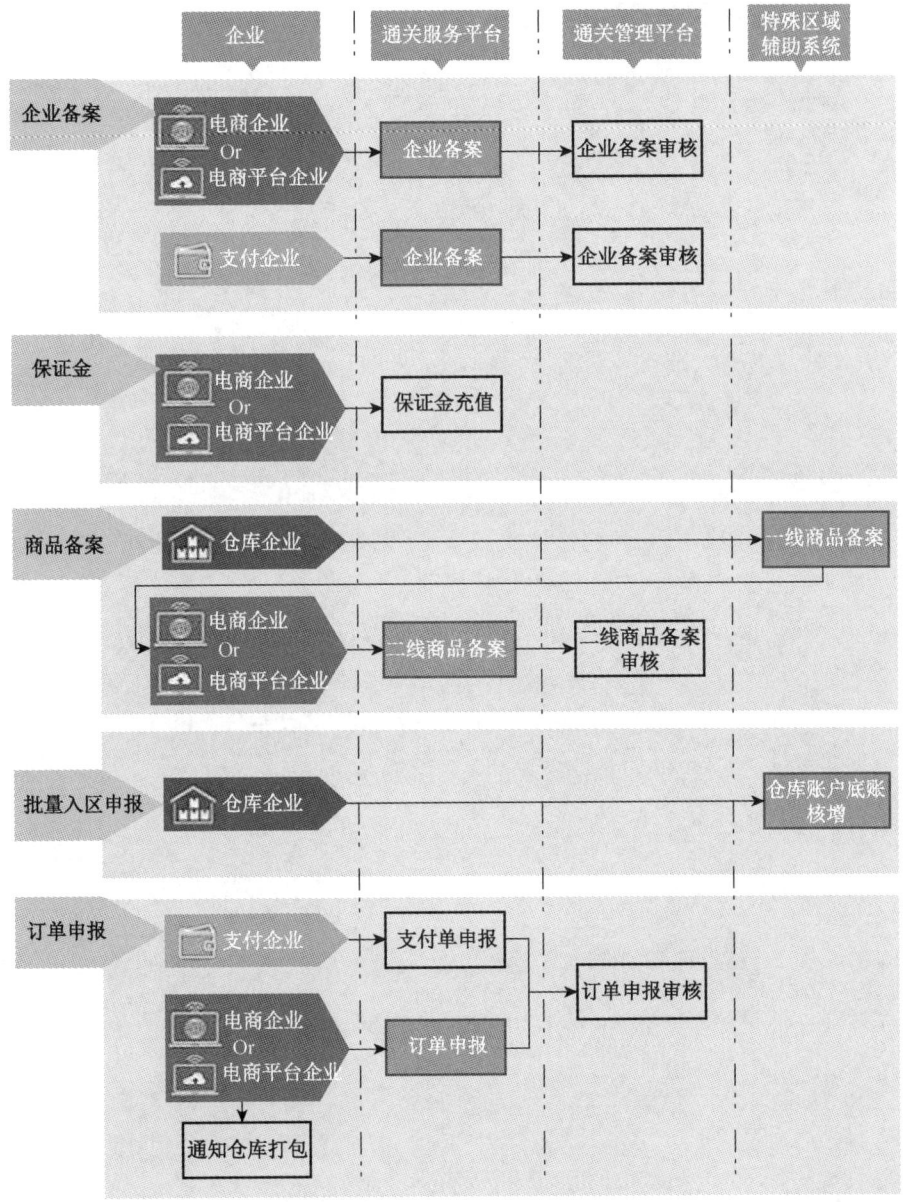

图 5-22　保税进口通关流程

　　跨境电商零售商品上架销售前,电商企业或其委托的电商平台应向检验检疫机构办理相关商品的备案手续。备案时应提供的信息包括:商品名称、品牌、HS编码、规格型号、原产国别、供应商名称等。

　　属于跨境电商负面清单内的产品,检验检疫机构不予受理备案。

第6章

跨境支付

　　全球化趋势下跨境支付需求越来越强烈,而第三方支付小、快、灵的特点刚好能满足强烈的行业需求,特别是用户直接通过手机客户端扫码完成收款付款操作,便捷、安全且手续费较低,更适合小额、高频跨境汇款和支付服务①。国家出台多项政策扶持,不断给予国内第三方支付机构肯定和支持。2017年,跨境支付牌照增至30张。通过国内的第三方支付机构,境外商家可以完成对境内消费者的收款并收到支付机构结算的外汇,参与国际贸易的中小企业也能够轻松实现资金的快速付款和结汇,不需要向外管局申请,可用人民币直接对接境内外用户和商户。

---

　　① 曹君怡.跨境支付领域成为移动支付"新蓝海"的可能性探析[J].吉林金融研究,2018(03):60-65.

跨境支付概况

(一) 跨境支付的定义

跨境支付是指两个或两个以上国家或地区之间因国际贸易、国际投资及其他方面所发生的国际间债权债务,借助一定的结算工具和支付系统实现的资金跨国和跨地区转移的行为[①]。跨境支付涉及企业、个人、银行及第三方支付平台等多个主体,典型的跨境支付服务方式主要包括网上银行支付和有第三方支付平台参与的支付(参见图 6-1)。

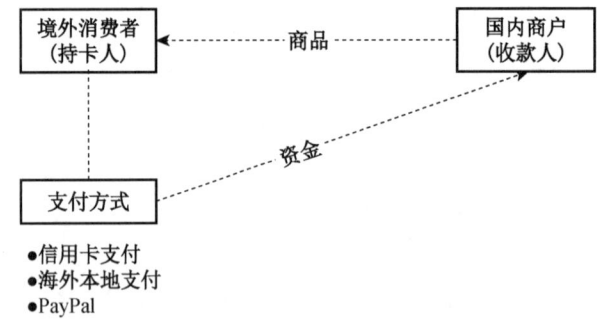

图 6-1　跨境支付示意图

企业之间的大额资金支付通常是通过网上银行支付服务系统完成的。交易者的资金支付可以选择具有跨境网上银行服务的银行,也可以选择具有跨境合作的银行。但跨境交易金额往往较大,有可能因银行提供的支付服务造成资金的流动性风险。

在第三方支付平台参与的跨境支付中,买方需要将资金转移到其在支付平台的账户,委托支付平台管理。在买方确认收到货物后,可委托支付平台支付货款,进行交易支付结算。

---

① 郭薇,朱瑞庭.我国跨境 B2C 电子商务的制约因素及对策研究[J].电子商务,2015(8):10-12.

（二）跨境支付的适用法律

根据联合国贸易法委员会 1992 年颁布的《国际贷记划拨示范法》第 1 条的规定，"本法适用于任何发送银行和接收银行位于不同国家时的贷记划拨"。因此在长期以来，该法被认为是跨境支付范围界定的核心规则。

跨境支付的核心是"跨境性"，这主要是从参与支付的主体的性质表现出来的：通过电子终端发出支付指令的一方、第三方支付平台、支付接收银行、支付货币或资金的实际接收方中只要有一个主体与其他主体不在同一主权国家或关税区域，该支付即为跨境支付。

（三）跨境支付的分类

跨境支付的简要流程如图 6-1 所示，消费者通过一定的支付方式将货款转给买方，从而获取自己心仪的商品。跨境支付可分为以下 3 类。

1. 信用卡支付

信用卡支付全球通用，是目前世界上最流行的支付方式。一般而言，信用卡支付可以满足 70% 以上消费者的支付需求。而在欧洲和美国，信用卡链接着个人信用资料，所以它是非常安全的付款方式。目前的各类跨境电商平台均可通过与 VISA、Master Card 的合作进行信用卡支付。

2. 海外本地支付

海外本地支付的特点是针对小语种市场，因此在这些国家，本地支付具有一定的占有率。

（1）CashU 在 2002 年隶属于阿拉伯门户网站 Maktoob，而在 2009 年被 yahoo 收购。它主要用于支付在线游戏、VoIP 技术、电信、IT 服务和外汇交易，允许使用任何货币进行支付，但该账户将始终以美元显示用户的资金。CashU 现已为中东和独联体广大网民所使用，是中东和北非地区运用最广泛的电子支付方式之一。

（2）Qiwi Wallet 是类似于支付宝的支付工具，于 2007 年底在俄罗斯推出，是目前俄罗斯最大的支付工具。它的系统使客户能够快速方便地在线支付水电费、手机话费，进行网上购物及银行贷款。

（3）Paysafe Card 是为居住在德国或奥地利的用户提供购买欧元筹码服务的支付工具，同时它也是一种银行汇票。它的购买手续简单，目前可以在大多数国家的报摊和加油站使用。

3. PayPal

PayPal 是全球最知名的在线支付方式，可在 190 多个国家与地区使用，支持近 30 种货币，用户超过 3 亿人。

对于信用卡收款和海外本地支付，一般用户都是通过第三方支付机构来接入的。在这种情况下，第三方机构扮演的角色是连接银行（或海外本地支付机构）与国内商户的"通道"，这个通道能够更好地帮助国内商户完成收汇。

（三）我国目前的第三方支付平台

目前，国内的第三方支付产品主要有 PayPal，拉卡拉，支付宝，财付通，汇付天下、盛付通、易票联支付、易宝支付，快钱，网银在线，国付宝，宝付，环迅支付、汇聚支付，另外还有政府的银联支付。其中，跨境支付采用率比较高的企业包括支付宝、财付通、快钱和银联在线（参见表 6-1）。以支付宝（国际版）为例，它是阿里巴巴国际与支付宝联合为国际买卖双方全新建立的在线支付解决方案，目前国际市场接受度不高，主要还是应用在阿里巴巴推出的速卖通平台，操作原理与国内版支付宝类似。

表 6-1　国内主要第三方支付产品比较

企业	进入时间	服务/产品	服务对象	合作/收购海外机构	覆盖地区
支付宝	2007 年	海外购外卡支付	境内持卡人、境外持卡人	日本软银、PSP、安卡支付、VISA、万事达卡	港澳台、日韩、欧美
财付通	2008 年	跨境网购支付	财付通客户	美国运通	英美
快钱	2011 年	国际收汇	外商企业	西联汇款	190 个国家和地区
银联在线	2011 年	跨境网购支付	银联卡持卡人	PayPal、东亚银行等境外主流银行卡收单机构	中国香港、日本、美国等全球主要地区

近年来,第三方支付行业的飞速发展虽然给群众生活带来了方便,但是也给支付和金融监管带来了一些问题,其最主要的一点就是它绕开了央行的清算系统。第三方支付机构与银行的直连模式使得银行、央行无法掌握其具体交易信息,无法掌握准确的资金流向,因此在一定程度上无法规避风险[①]。自 2018 年 6 月 30 日起,支付机构受理的涉及银行账户的网络支付业务全部通过网联平台处理,各银行和支付机构应于 2017 年 10 月 15 日前完成接入网联平台和业务迁移相关准备工作。据了解,网联全称"网联清算有限公司",是在央行指导下,由中国支付清算协会组织成立的线上支付统一清算平台。

(四) 跨境支付流程

根据跨境支付的定义,如果中国消费者在网上购买国外商家产品或国外消费者购买中国商家产品,那么由于币种的不一样,就需要通过一定的结算工具和支付系统实现两个国家或地区之间的资金转换,最终完成交易。在实际运作过程中,出口贸易支付流程(参见图 6-2)、跨境支付流程(参见图 6-3)和国际汇款流程(参见图 6-4)三者存在着一定的差异。

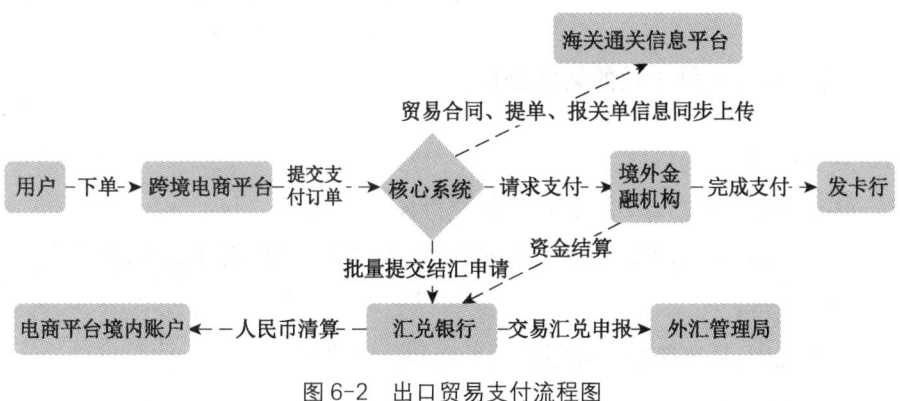

图 6-2　出口贸易支付流程图

---

① 孙兆.第三方支付进入网联时代[N].中国经济时报,2017-10-18(003).

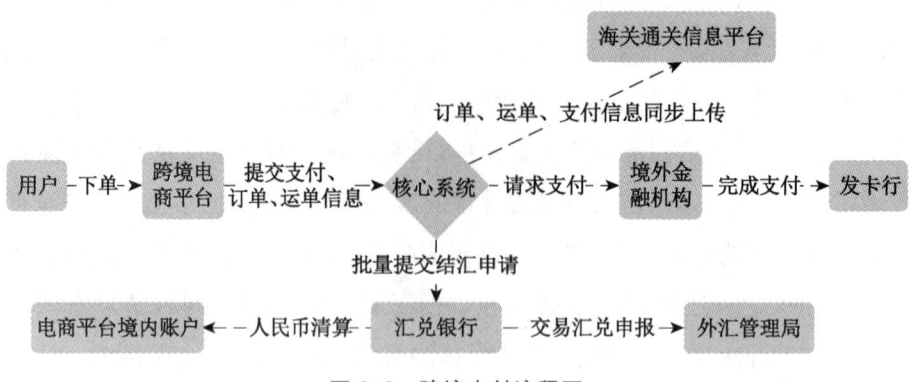

图 6-3 跨境支付流程图

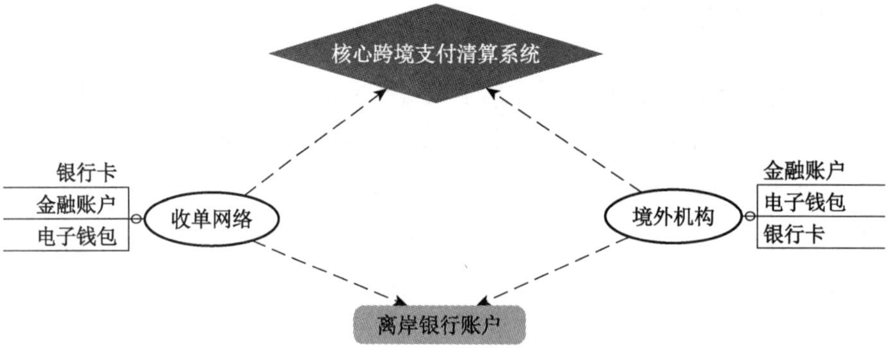

图 6-4 国际汇款流程图

（五）各类支付方式的利弊分析

1. 信用卡

优点：欧美最流行的支付方式，用户群体十分庞大。

缺点：接入方式烦琐；需预存保证金；收费高昂；付款额度偏小；黑卡蔓延，存在拒付风险。

适用范围：从事跨境电商零售的平台和独立 B2C。

2. PayPal

优点：国际付款通道满足了部分地区客户的付款习惯；账户与账户之间产生交易的方式使得买卖双方均可参与；eBay 公司旗下，国际知名度较高，尤其受美国用户信赖。

缺点:用户消费者(买家)利益大于 PayPal 用户卖家(商户)的利益,双方权利不平衡;电汇费用高,每笔交易除手续费外还需要支付交易处理费;账户容易被冻结,商家利益易受损失。

适用范围:跨境电商零售行业,几十到几百美金的小额交易更划算。

3. 第三方支付

第三方支付的优点有:

不属于任何一家金融机构,作为独立在买家和卖家之外的第三方,只是提供中介服务,相对公平公正。第三方支付平台改变了传统网络交易中费时费力的汇款形式,搭建了消费者与银行间的统一渠道,降低了政府、企事业单位的银行接入成本。

兴起于 B2C 支付领域,数额较小且交易频繁,手续简单,资金到账快。

通过第三方支付平台,商家只需要与平台一家公司合作,就可以与所有银行进行业务往来,卖家的经营成本得到缩减。

第三方平台作为第三方资金保管者,为买卖双方提供了担保,解决了信任问题。

以支付宝为首的国内第三方支付平台,正在不断创新自己的服务和产品,例如:代付功能、手机缴费、信用卡还款等生活缴费渠道,以及余额宝等金融理财产品。

第三方支付的劣势有:

第三方支付在 B2B 中并不占优势。当交易双方发生纠纷时,第三方支付平台需要介入具体的交易纠纷中,此时网络交易中的交易资金也就沉淀下来。而这些资金,都是企业的流动资金,对于 B2B 中企业资金来说时间成本过大。

其存在独立性问题。我国的第三方支付平台大多捆绑着自己的网络商务平台,如淘宝与支付宝、拍拍网与财付通,这迫使用户在特定网站购物时必须使用该网站捆绑的第三方支付工具,这对用户的购物体验造成了一定的影响。

跨境支付风险及防范

在中国跨境电商产业愈发红火的同时,跨境支付发展过程中逐渐显现的三大风险,已经成为制约中国跨境电商产业更好、更快发展的重要因素。

（一）交易风险

（1）通过第三方将买方注入的资金在一定时间内默认付款后再支付给卖方，其中弥补了交易双方的信用缺失，这是第三方支付的主要特点。而在这默认的一段时间，也就是第三方企业规定的结算周期，这笔资金不可避免地成为了第三方企业滞留下来的沉淀资金，造成了一定的资金风险问题。加上在交易过程中，物流等环节导致交易时间长，国际资金结算周期也随之加长，总之，其中资金风险尤为突出，很容易因为第三方企业的变化而引发一系列的风险。

（2）第三方支付平台现已开通小额提现的业务，这是一种可以不花费任何手续费用的套现方式，违反了信用卡的管理办法，给发卡行也带来了恶意透支风险。

（3）非法资金的流入。电子商务和网上支付中，买卖双方很少见面交易，很难了解对方的信息，这造成了很大的信用风险，并为非法资金和洗钱等违法活动创造了缺口。

（4）诈骗和违法交易。网上交易存在很大的虚拟性，因此跨境欺诈交易发生的风险增大。

（二）外汇管理风险

1. 跨境电商业务真实性风险

当前，跨境电商业务真实性审核管理存在着两个主要问题。一是第三方机构和企业存在很大程度上的违法行为，这里的违法行为是指企业借助第三方支付平台的力量，不直接通过银行办理外汇业务，为第三方平台进行虚假交易、跨境转移黑钱提供便利；二是在个人分拆结售汇的行为上存在隐蔽性。大多数企业在进行跨境支付时，默认使用第三方平台提供的虚拟电子账户识别用户，而对银行账号和信用卡账号保密，这隐蔽了资金的真实来源与去向，影响了国际收支核查工作的有效性。

2. 跨境电商支付风险

随着跨国电子商务、支付结构的日益完善，外汇备付金账户管理问题不断明显。这方面，我国并没有制定可行的方案解决存在的问题，因此留下了安全隐患。

3. 第三方支付机构风险

在以个人名义代理个人外汇收售结汇的业务时,银行无法知道代理业务中的个人信息,很难执行个人年度结售汇的管理政策。开展跨境电商的商户透过个人外汇账户收取钱款时,在年度总额下,商户是不需要提供材料证明的,这就回避了管理规定办法,也就是说个人外汇结算账户的管理也存在突破口,很容易被钻空子。

4. 以地下钱庄为纽带,实现资金的跨境流动、结汇

目前,大多数规模较小的私营企业在跨境贸易和虚拟产品交易中有巨大的市场,他们往往透过个体老板或虚拟游戏代理商提供的国外注册的 PayPal 账号来提取外币或者现汇到境外其他银行,再通过地下银行转为人民币,注入国内其他银行账户。

5. 部分第三方支付机构有名无实

据统计,就河南省来说,15 家支付机构有 3 家具有业务资格却没有开展实质性业务,没有符合规定的办公地点、工作人员、业务,基本是处于市场开发前阶段。

6. 国际收支的申报管理体系未完善

涉及电子商务的虚拟交易,我国现行的国际收支统计申报项目并没有具体的对应措施。由于第三方支付平台的存在,境内外的交易双方都不能直接提供个人信用信息,完成个人交易只需要 7～10 个工作日,导致在规定时间内不能完成国际收支的申报,即使申报完成,申报时间与资金实际的跨境收支时间不吻合,这增大了工作难度,并为以后调查审核工作带来了不可估量的难度。

7. 市场风险

网上跨境支付突破了时空限制,世界各地都可以被交易折射到,每个人都是潜在的客户,这导致了经济金融和资金越发集中于网络交易平台。如某一个环节出现问题,就如食物链缺少了一环,那就有全链皆断的危机。所以,网上跨境支付的市场准入的规范性相当重要。

(三) 针对支付风险的防范措施

1. 健全外汇管理制度,重视主体监管意识

对于外汇管理部门来说,首先,要以商业银行在办理结售汇业务时所参

考的标准为依据,对跨境业务市场的准入机制进行完善,为跨境业务的进行提供有利的外部环境。其次,外汇局要对第三方支付企业在跨境交易中的相关方面予以全面的监督管理,比如,跨境交易的业务范围。再次,还要以第三方支付的实际状况为基点,对其具有的代位监管职责予以完善,加大宣传力度,使不同类型的业务管理更加规范化。最后,还要建立第三方支付方面的各种业务管理制度,比如,能够有效识别用户身份的制度,对支付交易进行记录、保存的制度。以此,各种业务管理都能处于有序运行之中,可避免安全风险。

2. 规范对跨境电商个人外汇的环境要素

要有对第三方支付企业完善的管理前提,适当放宽个人代理的购结汇业务的资格限制为基础,严格执行个人外汇账户管理的相关规定。

3. 严厉审核第三方支付平台跨境电子商务的有效性

(1)扩大外汇监管范畴,将跨境电商在第三方办理的业务纳入其中,将对业务办理的审核工作交予外管局,将经办跨境电商办理业务的监管职能授予第三方支付平台,允许其留存下客户的资料。

(2)与工商等部门一起协商为跨境电商搭建一个信息交互平台,正确引导第三方支付机构将网上交易的信息都放至这个平台,快速实现电子商务交易的数据信息共享模式,有效确保交易的真实合法性。

4. 国际收支统计申报项目的具体化

根据电子商务的发展需求,进一步细化国际收支统计的申报项目,具体可以增设一些较为全面的项目,保证国际收支统计的具体化和完整化。与此同时,在虚拟商品贸易和外汇交易管理办法上,可以将各个部门的职责联合起来,加强对个人外汇账户等真实性的审核力度,要网上监控境内外的交易,留存单据备用。

5. 建立完善的监管、服务体系

就跨境电商来说,它在运作过程中涉及很多领域,比如税务、海关等。因而,我们需要从这几个方面入手,构建适宜的监管及服务体系。一是以我国已有外汇管理制度为基础,体现外汇政策的稳定、持续为媒介,加强跨境电商相关部门之间的协调配合,以此为基础,建立可行的联动工作机制,不断优化监管、服务体系,对跨境电商进行全方位的监督管理,不断推动第三方支付产业的健康发展。二是相关部门需要构建对应的基础平台,并制定该行业切实可行的标准,进而构建信用监管方面的数据库,让其中包含各种数据信息,比如电子商户的具体支付情况。最为重要的是所构建的网络平台能够对网上各种交易信息数据进行公证,在实现信息流、资金流、物流相统一的基础上,对各种交易信息进行交叉审核,有效解决跨境电商交易在真实性、合法性方面存在的问题,使其更具有可行性,为相关方面提供可靠的数据信息。

6. 对第三方支付企业的外汇进行具体化管理

(1)明确跨境支付交易的市场准入条件,考虑限制和整顿现有的商务交易平台,并且确立一种针对第三方支付企业的分类监管办法。

(2)限制跨境支付交易的支付业务发展范围。

(3)确立业务主体,禁止经常转移项目和可疑企业的流入,并且要求第三方支付企业单独进行国际收支申报。

(4)明确规定第三方支付企业针对客户的沉淀资金的托管缴纳一定比例的担保金。

(5)严肃整顿现行的第三方企业,规范外汇管理体制。

7. 加强与非政府组织的合作

根据欧美各国实践经验,注重与非政府组织的合作,可以很大程度上加强社会责任对企业的监管作用,强化企业社会责任。应学习国外的先进理论并与国际接轨,根据我国实际情况,建立符合我国现今发展阶段的审计制度,发动广大群众的力量来一起监管第三方企业的运行,促进国家对第三方交易平台跨境支付的监管力度。

跨境支付的未来关注焦点

(一)跨境支付服务的电商与发展

跨境电商实现"买全球"和"卖全球",需要跨境电商服务业提供有效支撑。

跨境电商服务业为跨境电商应用提供各种专业服务，包括交易平台服务以及物流配送、电子支付等几个大类。从实践和未来情况来看，其发展可以分为 4 个阶段(参见图 6-5)。

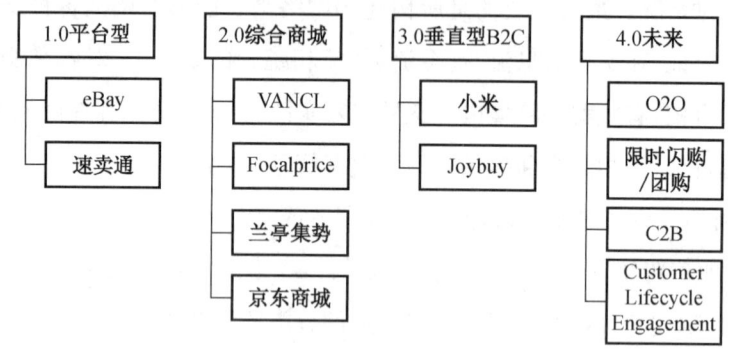

图 6-5　跨境支付服务发展阶段

跨境电商服务业的第一个大类是跨境电商的交易平台服务，阿里巴巴、敦煌网、环球资源、中国制造网、环球市场集团、兰亭集势、苏宁、亚马逊中国、聚美优品、大龙网等电商平台企业占据了我国跨境电商比较大的市场份额。天猫国际是阿里巴巴专门供国外商家销售产品到国内的平台，开展跨境 B2B 业务和跨境 B2C 业务。全球速卖通是阿里巴巴另一个跨境电商平台，它以小额批发类为主，帮助我国的中小企业把产品销售到全球。

新型跨境支付的创新性在于，凭借技术手段降低金融服务的成本和门槛，提高服务频次，扩大金融服务的受众群体。新型跨境支付主要是指线上化的第三方支付，支持银行账户、国际信用卡、电子钱包等多种支付工具，满足小额高频的交易需求，进一步提高支付效率，降低成本。

与国内的第三方支付类似，新型的跨境支付较传统方式的区别在于切入消费场景，优化 C 端的客户体验，针对不同行业的 B 端商户定制支付综合解决方案。在跨境电商、出国旅游等行业大发展的背景下，新型跨境支付将占据更多的市场份额。

(二) 跨境支付平台的发展:以 PayPal 为例

跨境电子支付是跨境电商活动的基础要素之一，是指需通过各种支付机

构、平台进行清算、查询和统计并涉及外币交易的电子货币活动[①]。目前世界
范围内主要的跨境电子支付方式有四种,分别是银行卡组织、第三方支付模式、
网银支付模式和直接借记模式。

第三方支付平台在"跨境网络消费支付"中占有主要地位。美国的第三方
支付系 PayPal(参见图 6-6)是全球使用最广泛的跨境在线电子支付工具,其约
有 1.5 亿活跃用户,支持 25 种货币付款交易。跨境电商 B2C、C2C 消费者与商
户中,80%消费者采用 PayPal 作为跨境支付手段。

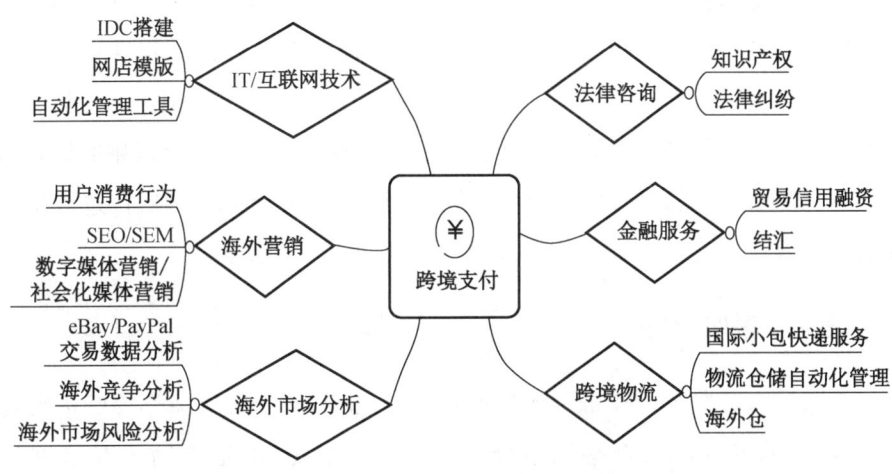

图 6-6　跨境支付平台 PayPal 的主要架构

受制于政策法规、社会和市场环境及用户使用方式等多重因素制约,目前
我国跨境电子支付仍处于发展阶段,但市场渗透率在不断提高。例如,2007 年
8 月,支付宝与中国银行等金融机构联合推出了跨境支付结算业务,目前,支付
宝的跨境支付服务已覆盖全球 34 个国家及地区,支持美元、英镑、欧元、瑞士法
郎等十多种外汇结算。

截至 2018 年 5 月,国内最大的两家第三方支付工具微信支付与支付宝已
经在全球 40 多个国家和地区落地。主要是跟随中国人海外游与海外购向海外
拓展。根据国家旅游总局的统计数据,2017 年中国公民全年海外游突破 1.3 亿
人次。而中国第三方支付在海外的布局无非有下列三种模式:第一种是直接在

---

① 李虹含.第三方平台拓展跨境电子支付[N].中国社会科学报,2016-01-06(004).

海外申领支付牌照,按东道国的监管要求实施本地化。第二种是与东道国的银行或已经取得第三方支付牌照的机构合作。这仅仅是一种渠道合作,并非真正参与当地的支付与结算,也是目前我国第三方支付机构出海所采用最多的方式,它见效快,矛盾少。或者是投资取得股权,成为股东,如蚂蚁金服投资了印度的 Paytm 等。这类模式在东盟十国有很好的成长空间,因为当地的传统银行无法为近 5 亿人口提供方便高效的账户对外支付服务。第三种模式就是纯粹的技术输出,为东道国的银行或第三方支付机构提供"云"技术,设置分布式架构软件系统的服务器,帮助当地机构提升交易吞吐量,也避免了许多本土化不适应,尤其是可以避开东道国的监管要求与消费者心理接受程度不高的麻烦。大力发展第三方支付除去向海外进军,也应该适时适度地引进海外具有一定国际影响力的品牌支付机构来中国开展业务,学习借鉴国际上通用的规则与技术,更多地让中国的支付企业参与国际竞争以及国际标准的制订,进入良性发展状态。

(三) 互联网金融

互联网金融既不同于商业银行间接融资,也不同于股票债券等资本市场直接融资,是互联网与金融相结合产生的新生事物,也是借助于互联网技术、移动通信技术实现资金融通、支付和信息中介等业务的新型金融服务模式。

近年来,一批基于互联网的机构和融资服务平台兴起,包括为个人投资者和创业者提供便捷借贷新通道的红岭创投、齐放网、宜信网、人人贷等机构,以及致力于提供融资产品搜索、借贷备案登记和投资者与创业者撮合等服务的专业机构,如融 360、温州民间借贷登记服务中心等,同时还包括阿里巴巴、东京商城等电子商务企业搭建的互联网金融业务平台(参见图 6-7)。

总体来看,我国互联网金融行业目前有两大主力军:现代 IT 企业和传统金融机构。现代 IT 企业进军金融领域,主要拓展第三方支付、P2P 信贷、网络小额贷款等业务;传统金融机构的业务日益互联网化,最为突出的是传统金融机构的电子商务化,包括传统金融机构的电子商务平台、线上金融平台等业务。跨境电商兴起其实质还是离不开传统国际贸易基础,一旦过分强调以现代 IT

图 6-7　中国互联网金融产业概览(资料来源:易观智库)

技术运作的金融平台而忽视以传统金融机构为基础,就容易导致并无实际金融运营基础的小型 P2P 平台泛滥,给金融市场带来不稳定的隐患。

第7章

跨境电商运营管理

与传统电商相比,跨境电商具有全球分布、实时性强、方便快捷等优点,可以在较短的时间内完成订单支付等,使许多中间环节在出口贸易中被省略,进一步消除了全球贸易的界限。跨境电商萌芽于 2005 年,最初是以个人为主的买家通过互联网平台从国外购买产品,通过第三方支付方式完成结算,卖家再通过邮寄的方式完成货物的运送。而今,跨境电商不仅涵盖的范围越来越广,而且拥有庞大数量的用户。

跨境电商店铺运营

随着网络普及程度的提高及互联网技术的广泛运用，一大批小微企业开始了对跨境电商店铺的尝试，并取得了喜人的进展[①]。目前，小微企业的跨境电商店铺发展有两个主要特点，一是销售的产品主要以传统商品为主，科技类产品出口有待提高；二是店铺多集中于国内大型跨境电商平台，如阿里速卖通、敦煌网、兰亭集势等，以较为坚实的平台作依托有利于企业买卖的安全性提升。

（一）网店—电子商务门户

电子商务是以信息网络技术为手段，以商品交换为中心的商务活动，是传统商业活动各环节的电子化、网络化、信息化。

电子商务是在全球各地广泛的商业贸易活动中，在因特网开放的网络环境下，基于浏览器/服务器应用方式（网店），买卖双方不谋面地进行各种商贸活动，实现消费者的网上购物、商户之间的网上交易和在线电子支付以及各种商务活动、交易活动、金融活动和相关的综合服务活动的一种新型的商业运营模式。也就是说，绝大部分的购物、交易都是在网络上完成的。

1. 网店的优势

1）营业时间不受限制

这一点在国内一线城市还不是特别突出的优势，但是在国外以及国内中小城市还是很大的一个优势。国外商场周日是不开门的，24 小时便利店也是寥寥可数。长时间营业带来的人工成本、电力成本过于巨大，在人群密度不是很高的地方无利可图。

2）不受地理局限

线下购物受制于店铺面积（如商场的试衣间往往排成长队）、店铺选址（南京路上店铺往往人满为患）等条件，网店就很好地解决了这一问题。

---

① 刘宇坤，吴闽君.小微跨境电商店铺建设与运营研究——以敦煌 Carrie1994 店铺为例［J］.北方经贸，2017(05)：8-9＋12.

3）固定成本低

相对于传统零售业，网店的租金、水电、人力成本大大下降，小型店铺往往几个工作人员就足以完成日常运营。其投资小，因此更加灵活。

2. 网店的劣势

1）"百闻不如一见"

网店上颜色、尺码的描述往往是不能与线下门店试穿体验相媲美的，但是这并非不能克服，需要稳定高效的退换货物流支持、物流衔接（如京东上门换货，带着备换货品上门，一次性完成换货手续，就很大地提升了购物体验）。

2）物流服务不尽如人意

目前非自营物流中，丢件、超时现象比较普遍。据国家邮政局统计，2015年1～7月我国产生了101亿个快件，其中有2%～4%的快件滞留快递派送网超48小时，这意味着每天全国大概有150万个包裹到了网点后48小时内未能送抵消费者手中。这类包裹引起的消费者投诉比例也比较高，快递公司在运营过程中需要耗费大量的时间和成本搜集消费者的服务反馈，进行数据分析，寻找问题的原因。

2016年9月，国家邮政局和各省（区、市）邮政管理局共受理有效申诉（确定企业责任的）15 776件，其中涉及快递服务问题的为15 002件，占有效申诉量的95.1%。其中，邮件丢失、短少问题增长192.4%，邮件延误增长101.7%，邮件损毁增长100%。

3）支付方式不够便捷

目前随着互联网支付的极大发展，支付方式已经超越了线下体验。大型B2C电商网站往往支持货到付款、网银、快捷支付、微信、支付宝等多种方式。但是在C2C平台，对货到付款的支持还比较差，信用卡付款由于手续费问题也并没有被中小店铺所接受。

4）风险防范

互联网安全问题越来越引人重视，仅2015年1～8月，全国公安机关共计立案电信诈骗案31.7万起，同比上升31.5%。主要方式为：网络社交工具发布欺诈信息＋欺诈转账以及银行卡信息骗取＋账户盗用。这都和目前我国互联网安全环境复杂、打击互联网诈骗体系不完善有关。

（二）跨境电商

狭义的跨境货物电子商务是指通过跨境物流送达商品、完成交易的形式。（商品并不一定在海外，保税区跨越关境也是一种新兴形式。）下面采用 SWOT 模型对跨境电商进行全面分析。

1. 优势（Strengths）

1）可以购买国内没有的商品

国际上的商品种类远远多于国内，绝大多数非跨国公司的产品只在本国市场有售，在沃尔玛或家乐福大卖场一般最多只有 4 万多 SKU（Stock Keeping Unit），而一家大型跨国公司，比如强生，就有 37 万多 SKU。

2）品质更好，更能迎合消费者需求

比如在制造业领域，不同产地的相同产品、零部件，会因为工人素质以及管理方式产生明显的品质差异。又比如进口汽车，根据不同地方法规，会有不同规格（美规车，中东版等），以适应消费者偏好。由于跨境信息不对称，以及跨境网购的相对高消费，"正品保障"成为消费者在跨境购买商品时最看重的要素。41.2％的用户明确表示最看重正品保障，这远远高于价格、配送等因素。

3）价格更实惠

受经销商定价策略以及税费影响，同种商品在不同国家的售价可以相差50％或以上；最新上市的 32G iPhone7 入门版，美国售价 649 美元，折合人民币4 335 元，中国香港售价 5 580 港币，折合 4 810 元人民币，而中国大陆的售价为5 388 元，显著高于其他地区。同样的进口汽车，由于中国的关税为 25％，消费税按排量为 1％～40％不等，增值税为 16％，再加上各种费用，其价格往往高达国外售价的两倍以上。

2. 劣势（Weaknesses）

1）贸易合规（Trade compliance）

贸易合规部门更多来自美资企业，这个职位在美资中大型企业中皆有设置，其初衷是让集团公司内部的各项贸易业务符合美国的国家贸易战略和贸易管制，如今随着在中国业务的开展，又因海关等政府事务的法规复杂与多变，它逐步扩大到我们今天的物流、通关领域。

工厂的物流或关务部门,作为直接的相关业务发起方,其各项作业在关务部门完成后,便交予海关或其他政府部门,由政府部门来执行监督,而事后在公司内部,还是由关务部门自行审核和管理。于是就出现了工厂关务部门既是运动员又是裁判的情况,美国人比较相信制度的保障和专业的分工管理,故将此两者分开,诞生出国际贸易合规管理与工厂的进出口管理两个不同方向的职能。

2）时效性差

由于跨越国境(关境)导致的运输距离加长,通关所耗费的时间问题就显得尤为明显。

3）售后服务难以保障

逆向物流对接一般比较困难,运费成本过高,周期过长。以美国亚马逊为例,一开始美国亚马逊对中国海淘退货往往是直接退款无需退货的。即使现在,美国亚马逊也是尽可能不退货,比如支付费维修或给予折让等。

3. 机遇（Opportunities）

中国消费者行为习惯研究表明,中国消费者就感知产品质量差别和国际品牌代表名牌而产生的品牌效用而言,还是倾向于选择国际品牌,对全球知名品牌有普遍偏好和购买意向。选择民族品牌往往是因购买力所限。但是跨境电商的优势恰恰解除了这一限制,这也是国内代购热、海淘热的群众基础。

4. 威胁（Threats）

国内实体零售业普遍弱于电商巨头。按照"2016 年《第一财经周刊》版中国 338 个地级以上城市分级全榜单"的划分,2016 年上半年关闭的 41 家店铺中,位于一线城市的店铺数超过一半。其中,一线城市关闭 7 家,占 17.07%,新一线城市关闭 15 家,占 36.59%,一线与新一线两项合计关闭 22 家,占 53.66%。此外,二线城市关闭 11 家,占 26.83%,三线及以下城市关闭 8 家,占 19.51%。可以说,位于一二线城市的关闭店铺超过 80%。

当前国内主要竞争在 B2C 与 C2C 之间,如京东与淘宝的竞争。部分传统零售业在压力下积极转型,如苏宁与天猫展开合作。但是,我们认为这种现象的产生并非因为电商具有优势,而是线下零售没有创新,模式陈旧。

跨境电商市场评估

　　跨境电商面对的是全世界的网络用户,这些网络用户来自不同的国家和地区,文化背景以及消费性观念等都有着一定的差异,加上生活方式、习惯以及性格等因素的不同,跨境电商的发展往往会受到一定的影响[①]。因此,跨境电商市场评估的主要目的是,确定市场在哪里,主营业务是什么。通常情况下,跨境电商在选择目标市场时,首先要弄清潜在的细分市场,其规模及增长程度是否恰当,其次是与电商本身的资源和能力进行匹配,有些很有吸引力的市场,由于与跨境电商的长远目标不吻合,也可能要被放弃。

(一) 对当前市场的评估

1. 产品生命周期理论

　　从产品生命周期理论来说,应选择成长期产品。在成长期,产品通过试销效果良好,购买者逐渐接受该产品,产品在市场上站住脚并且打开了销路。这是产品需求在增长的阶段,需求量和销售额迅速上升。生产成本大幅度下降,利润迅速增长。与此同时,竞争者看到有利可图,将纷纷进入市场参与竞争,使同类产品供给量增加,价格随之下降,企业利润增长速度逐步减慢,最后达到生命周期利润的最高点。

2. 市场风险分析

　　市场风险分为外部风险和内部风险。

　　外部风险包括:顾客风险、竞争对手风险、政治环境风险、法律环境风险、经济环境风险等。

　　内部风险包括:产品风险、营销风险、财务风险、人事风险、组织与管理风险等。

3. 市场产品分析

1) 爆款引流

　　爆款,顾名思义,就是非常火爆的商品,高流量、高曝光量、高订单量就是它

---

① 陈燕予.我国跨境电商市场存在的问题及对策[J].科技经济市场,2017(12):193-194.

的具体表现。对卖家来说,在整个产品线的规划中,爆款往往并不是利润的来源,但用户的评价和晒单却是最好的产品介绍,能够吸引客户,增加信任;同时爆款产品还能带来店内产品的关联流量,实现从产品到品牌的推广之路。

因此,爆款实际上是作为引流产品来优化产品线,并配合卖家的定位,最大程度带来关联交易。

2)选择爆款产品

爆款产品的出现并非偶然,而是需要卖家进行挖掘和研究,并进行不断尝试。

一是可以参考行业内的爆款产品。

卖家可以关注行业内哪些店铺是热销的,哪些店铺是最有潜力的,然后对这些店铺的单品进行分析,了解哪些单品好卖,以及有多少家店铺在销售,这样可以快速形成爆款雏形。

具体来说,有两个核心因素需要关注:单品信息和访问量(UV-Unique Visitor)的转化。

关于单品信息,卖家一是要了解该单品的毛利情况(采购成本,运费成本等);二是上架时间,这样就能大致计算出日均销量。而访问量的转化,则要考虑调研周期内的访问量和该访问量转化成订单交易的比例(UV 转化率)。这个时候,有两个维度需要重视:单品客户价值,就是在调研周期内的单品利润总额除以该周期内的单品访问量所得到的值;单品转化率,就是调研周期内单品订单交易数除以该单品访问量所得到的值。这两个维度的值越高,那么该单品就越值得重视。

二是上传可能会有市场的产品,从中找出爆款产品。

卖家首先将上传的产品根据特点进行包装,在一段时间内对其进行平等曝光(周期不超过 3 个月),同时紧密观察买家对它们的反应,包括曝光率、点击率、放入购物车次数、购买率等;然后找出最受欢迎的 30 个产品,再次进行包装,根据市场反应,进行一定的营销投入;最终根据买家的反应,选择最受欢迎的 10 个产品,即潜力爆款。

3)打造爆款产品

爆款的概念是日销量大且持续时间长的产品。那么,影响爆款的两个最大

问题就是库存管理和竞争对手分析。

卖家先要分析市场容量和竞争对手的运作模式,准确了解市场趋势。例如一款包或者一款 iPhone 手机壳和配件可以去推爆款,因为这类产品是快消品,主观性强,在合适的季节或者电子产品发布后,会有快速形成而且持续一段时间的购买高峰。这就是市场容量的预估,也是最容易形成销量集中推送的爆款产品。卖家需要做的就是在最快速的时间内做好市场调研,并关注市场变化,及时跟进维护。

然后卖家要通过第一次采购量的预估和上架后产品的表现,快速做出销量预计,并保证一定的库存。而为了保证货源的充足,卖家必须设置一个预警库存,即日均销量×采购周期(即进货从下单到入库需要的时间)。

由于爆款的反馈和销量非常敏感,卖家做的预计销量都是经过了近几月、近几周以及近几天等平衡后的结果,在时间方面多了个平衡值和滞后性,因此不能够反馈实际市场在过去几个小时和未来几个小时的具体变化,这就影响到了跟进人员补货数量的不及时性。所以,打造爆款的团队里面要有能对单品和对手进行分析、会做竞争预估的人。

而为了和市场保持同步,爆款的产品基本上每天都在做补货操作,业内人士建议,在补货量上需要在市场最高销量的基础上加上升的系数值,目的是保证具有线上产品再次突破销量的库存,否则很可能会打断原本的上升趋势。

此外,要做好未雨绸缪。产品是有生命周期的,所以卖家必须在一个商品周期走到成熟期和衰退期之间用下一个爆款去替代。

4) 爆款一定是低价吗

很多人都认为,爆款产品之所以为爆款,是因为其价格足够低才吸引了多数买家的光顾。这是大多数爆款产品的特点,也是卖家将其作为引流产品而必须采用的方法。

一般认为,价格虽然是用户最敏感的因素之一,但爆款的价格也并非一定要特别低,而是可以打造成性价比高的产品,在有量的前提下保证有利润。而且也有业内人士表示,爆款的真正目的是在处于市场最大销量的时候,提高市场整体的均价,而并非压价。

另外,通过爆款进行引流的产品必须具有非常强的相关性,而且要有一定的利润,不然打造爆款的意义将不存在。不过要强调的一点是关联产品不能替代这个爆款,不然会造成这个爆款产品的成交率低,从而影响到排名。

4. 发货模式选择

三大模式(行邮、保税、一般贸易)不涉及物流部分。目前来说,大型跨境电商仍然是以保税模式和一般贸易模式为主,但是中小规模可以从行邮入手。行邮在数量、时效等多方面都有局限,但恰恰适合少量自用,并且不涉及商品报关。行邮税低于人民币 50 元时免征收的优惠也是优势之一,代购往往会采用这一模式。

保税模式与一般贸易相比较,主要特点体现在如下两个方面。

(1) 保税模式具有成本优势,在盛行之初,电商网站采取行邮税计费,即低于 50 元人民币免征。后根据《关于跨境电商零售进口税收政策的通知》,在限值以内进口的跨境电商零售进口商品,关税税率暂设为 0%;进口环节增值税、消费税取消免征税额(50 元人民币税款以下商品免征税),暂按法定应纳税额的 70% 征收,仍比一般贸易低一些。但其关键是能够突破国际贸易技术壁垒。

(2) 保税仓手续较复杂,租赁成本更高。2016 年 4 月 8 日财政部发布了由十一个部委共同拟定的《关于公布跨境电商零售进口商品清单的公告》,划定可以进口的货物的范围共 1 142 个品类。在清单内商品免于许可证管理,但保健食品、婴幼儿配方乳粉产以及化妆品等进口大户都需要注册,甚至对于不同颜色、包装的同款化妆品,都需要单独注册备案,这给跨境电商带来严重打击,一时间人心惶惶,造成的影响极其恶劣。该政策暂缓至执行 2018 年底(期间曾两次宣布暂缓执行)。从长远看保税模式仍然是有前景的,税费还会进一步降低,只是需要密切注意政策变化,规避政策风险。2017 年 3 月 17 日商务部发言人就跨境电商零售进口在 2017 年底过渡期后的总体安排作了发言,给广大跨境电商从业者以鼓舞,明确了跨境电商进口的三大特点:贸易、个人自用、低值。

(二) 跨境电商市场风险控制

当前主流电子商务模式可以分为:ABC、B2B、B2C、C2C、B2M、M2C、B2A(即 B2G)、C2A(即 C2G)、O2O 等。其中:

B＝Business(商家)；

C＝Customer(消费者)；

M＝Marketing(市场)；

A＝Agents(代理商)；

G＝Government(政府)。

其中,B2B典型代表为阿里巴巴,B2C典型代表为京东,C2C典型代表为淘宝。

O2O(Online to Offline)是指将线下的商务机会与互联网结合,让互联网成为线下交易的前台,这个概念最早来源于美国。O2O的概念非常广泛,只要产业链既可涉及线上,又可涉及线下,就可通称为O2O。典型代表之一就是饿了么,通过线上点餐线下配送,完美诠释了O2O模式。

ABC模式是新型电子商务模式的一种,ABC分别是代理商(Agents)、商家(Business)、消费者(Consumer)的第一个英文字母,它被誉为继阿里巴巴B2B模式、京东商城B2C模式、淘宝C2C模式之后电子商务界的第四大模式。

考虑到跨境电商所需要的资本规模,sku体量以及库存水平,C2C第一个被排除,因为个体户往往难以拥有足够占地的仓库,缺乏充足的资金,在通关方面也缺乏经验,这些都是个人卖家的局限性,所以C2C一般在跨境电商行业只能在小规模的代购性质的领域有所作为,不能形成足够的规模。而且作为个人卖家,无论是通关时效还是客户体验,包括订单数量都会受到局限,必然不能大规模开展。

比较可行的进入方式是电商平台和电商网站(B2B2C和B2C)。

B2B2C的第一个B指的是商品或服务的供应商,第二个B指的是从事电子商务的企业,C则是表示消费者。

平台,顾名思义,有多个经销商存在。因此平台就更侧重于卖家之间的协调、竞价、比价、营销。平台内部在同质化,不然会恶性竞争,或者产生垄断。同时平台会收取相对于自建网站更低的佣金,好的平台能够带来较大的流量,也能通过购买获取流量,实现一炮走红。其主要代表为天猫国际。

网站,则更多是B2B2C模式。统一卖家一般来说品质会有保障,但是因为库存成本压力,SKU一般不会太大,商品种类有所欠缺,在运营初期的投入较大,获得流量比较困难。目前看来,国内的跨境电商网站还停留在赔本赚吆喝阶段,以开拓市场为主,多半处于亏损状态。

跨境电商模式选择

在跨境电商交易中,跨境电商处于交易活动的网络中枢,既是商品陈列、浏览的媒介,也是商品达成交易的场所,起着衔接商品供应与消费桥梁的作用。同时,跨境电商也是跨境电商交易主体沟通与交流的平台,在跨境电商交易中,跨境电商是无法舍弃的重要元素。由于跨境电商交易涉及不同的国家或地区,商品交易活动更加复杂和烦琐,因此跨境电商也存在不同的类型与运作模式[①]。

(一)网站建设:经营模式

1. 批发零售模式

批发零售模式是最为经典的传统网店经营模式,也是最适合跨境电商活动展开的模式之一。一般来说,该模式是指去上游经销商或生产工厂以低价批发一定量的商品,然后通过网店以零售的价格出售,赚取批发和零售之间的差价。为此需要准备一间仓库去储存这些商品,当然这就会提高进入门槛,带来一系列的问题。除了仓库的场地问题以外,还有产品采购和资金积压等问题。

目前大量的跨境电商网店卖家都选择了这种经营模式。这对于那些新加入网络营销的外贸公司也是一个首选的经营模式。

因为一般跨境电商都拥有仓库和稳定的进货渠道。在成本方面,很显然也有一定资金的投入和周转。如果选择 B2C 平台比如淘宝,会有大量的买家,这种零售模式能够让你有可观的利润。但是,由于同时存在着大量的同类产品,因此该模式面临着巨大的竞争,需要在店铺推广和服务上下足功夫。

综合来说,该经营模式可行性一般,却最为普遍。

---

① 张夏恒.跨境电商类型与运作模式[J].中国流通经济,2017,31(1):76-83.

当然另一条道路就是自建平台,那么资金压力就更大了,网站建设、运营、维护,对于传统外贸公司都是挑战性很大的。这是一个全新的领域,并且竞争同样激烈,我们从京东兼并易迅、一号店就可以明显看出来。

2. 分销模式

成功的网店卖家需要扩大经营,寻找分销商就是一个非常有效的方式。

目前有越来越多的人在选择这种模式。那些已经在淘宝有一定经验和信誉的卖家(供应商通常要求 1 钻以上)可以选择这种模式。由于你只是分店,产品推广、商品文案等大量前期工作都是主店或供应商完成的,你可以专注于做店铺的推广和促销活动。所以,对于那些没有太多业余时间的兼职卖家,这是一个不错的店铺经营模式。

这种模式可行性高,不需要仓库,不需要自己发货,有稳定的货源。由于不需要库存,成本相对是比较低的。但是,分销是有压力的。往往供应商会要求你有一定量的出货,而出货的量是和进货价格挂钩的。所以如果你没有达到供应商的要求,有可能会被取消分销的权利;另外,除了面临行业竞争以外,你还要和供应商的店铺竞争,因为它们有更高的成交量和信誉等级。

3. 特产模式

特产模式是跨境电商最适合的营销模式之一。跨境电商卖的就是与众不同的主打产品,能够以特色吸引很多忠实的买家。

它需要稳定的货源,需要有竞争性的价格,需要一定的仓储能力。经营这样的特产品淘宝店,可以说成功的概率非常高。

4. 实体店网店模式

这是指以既有实体店为依托,去网上开一家网店。它的难度相对较低,只需要学习网上交易方面的知识就可以了。当然这种模式只适合那些已经有实体店的商家。通过网络营销能够降低库存,拓宽区域市场,从而驱动产品的销售量。

网店的成本显然应该低于实体店,基于实体店的操作经验,在网上很容易成功地销售自己的产品。

5. 服务产品模式

服务产品模式是以代购服务为主的跨境电商模式,相对而言进入门槛低,无库存,投入成本低甚至无需投入,店铺容易打理。但是它在规模上有着非常大的局限,回款周期往往较长,服务往往达不到客户的预期,需要花费很多精力。因为局限过于明显,对规模性跨境电商完全不适用。

(二) 自建网站

(1) 服务器。一般而言,刚刚进入电商领域的经营者往往会购买服务器空间(有足够资金的电商网站往往会购买服务器,但付出的成本也显著增加),购买域名(根据情况价格不等)。

然后需要部署商城源码至服务器空间,具体是指:上传源码至服务器空间指定目录,一般完整的商城源码都支持一键安装,非常方便,常见的开源免费的有 ecshop,shopex,magento 等。

(2) 购买域名,进入域名服务提供商的域名管理,将购买的域名映射至购买的服务器空间上。

(3) 支付端口。最简单的方法是申请接入微信/支付宝,注册商家账号。

(4) 优势。一是保持相对独立性,有自主权;二是避免被平台绑架,强行参与促销,或在平台过于强势时收取进场费。

跨境电商营销策略

不管是大型还是中小型企业,首先要做好的就是市场环境的分析和市场调研。跨境电商企业面临的市场环境比普通电商企业更为复杂。比如在政府政策方面,它不仅受到国内进出口政策的影响,还受到国外政策的影响,所以比国内业务风险更大。因此,跨境电商必须选择适当的市场营销战略,采取适合自身情况的产品、价格、渠道和促销策略,才能在发展过程中生存、发展和壮大[1]。

---

[1] 蓝薇."互联网＋"背景下云南省中小企业跨境电商营销策略研究[J].中国市场,2017(36):126＋128.

（一）市场营销理论基础

1. 4P营销策略组合

1960年，美国市场营销专家麦卡锡（E.J.Macarthy）教授在营销实践的基础上，提出了著名的4P营销策略组合理论，即产品（Product）、定价（Price）、渠道（Place）、促销（Promotion）。"4P"是营销策略组合通俗经典的简称，它奠定了营销策略组合在市场营销理论中的重要地位，它为企业实现营销目标提供了最优手段，即最佳综合性营销活动，也称整体市场营销。

2. 6P营销策略组合

1986年美国著名市场营销学家菲利浦·科特勒教授提出了大市场营销策略，在原4P组合的基础上增加两个P，即权力（Power）和公共关系（Public Relations），简称6P。

科特勒给大市场营销下的定义为：为了成功地进入特定市场，在策略上必须协调地使用经济心理、政治和公共关系等手段，以取得外国或地方有关方面的合作和支持。此处特定的市场，主要是指壁垒森严的封闭型或保护型的市场。贸易保护主义的回潮和政府干预的加强，是国际、国内贸易中大市场营销存在的客观基础。要打入这样的特定市场，营销者除了做出较多的让步外，还必须运用大市场营销策略即6P营销策略组合。大市场营销概念的要点在于当代营销者日益需要借助政治力量和公共关系技巧去排除产品通往目标市场的各种障碍，取得有关方面的支持与合作，实现企业营销目标。

3. 11P营销策略组合

1986年6月，美国著名市场营销学家菲利浦·科特勒教授又提出了11P营销理念，即在大营销6P之外加上探查、分割、优先、定位和人，并将产品、定价、渠道、促销称为"战术4P"，将探查、分割、优先、定位称为"战略4P"。该理论认为，企业在"战术4P"和"战略4P"的支撑下，运用"权力"和"公共关系"这2P，可以排除通往目标市场的各种障碍。具体包括如下因素：

（1）产品（Product）：质量、功能、款式、品牌、包装；

（2）价格（Price）：合适的定价，在产品不同的生命周期内制定相应的价格；

（3）促销（Promotion）：尤其是好的广告；

（4）分销（Place）：建立合适的销售渠道；

（5）政府权力（Power）：依靠两个国家政府之间的谈判，打开另外一个国家市场的大门，依靠政府人脉，打通各方面的关系，在中国，所谓的官商即是暗含此理；

（6）公共关系（Public Relations）：利用新闻宣传媒体的力量，树立对企业有利的形象报道，消除或减缓对企业不利的形象报道；

（7）探查（Probe）：即探索，就是市场调研，通过调研了解市场对某种产品的需求状况，有什么更具体的要求；

（8）分割（Partition）：即市场细分的过程，按影响消费者需求的因素进行分割；

（9）优先（Priorition）：即选出我的目标市场；

（10）定位（Position）：即为自己生产的产品赋予一定的特色，在消费者心目中形成一定的印象，或者说就是确立产品竞争优势的过程；

（11）人（People）："只有发现需求，才能满足需求"，这个过程要靠员工实现。因此，企业就要想方设法调动员工的积极性。这里的People不单单指员工，也指顾客。顾客也是企业营销过程的一部分，比如网上银行，客户参与性就很强。

（二）跨境电商市场营销具体操作

1. 明确活动：策划活动，明确活动属性

我们按活动目的将活动可以简单划分为推品牌、促销量两类。推品牌，我们可以分为，提升品牌知名度、提升品牌形象、提升品牌利润。促销量，我们可以划分为，保证利润、保证销量。这里需要强调，活动目的一定是以一个为主，没有主次的活动一定是失败的。

我们按活动周期将活动可以简单划分为：日常（周常、月常）、节日营销、特色活动。其中，三常活动的策划可以形成一个商家固定的活动，培养用户习惯；节日营销最受商家重视，也是培养了网购群体"不促销不购物"习惯的"罪魁祸首"；特色活动是所有策划中需要发挥最多创意，也是最容易出彩的一项。

2. 力度把控：活动策划里的相对性

有了活动目的和活动周期属性，在策划活动前我们就能确定活动的力度了，推广方面我们暂时不考虑，单纯从活动产品折扣方面来确定。

活动效果预估，和活动效果预设是两码事，预设是先出结果，确定推广费用和推广方案，策划根据难度来确定力度。而预估则是先出活动，然后再确定推广费用后算出的理想效果，力度把控主要是由策划来操作的。比较起来，两名中更考验策划的是预设方式。三常活动可以先出方案，根据公司推广策略来定力度，节日营销更推崇预设方式。

如果你是一个策划，公司习惯用预估来做，你就要学会多做几套方案；如果公司习惯用预设方式来做，每次活动前你就要盘算着可行性，做不到的事千万别承诺。

活动目的是活动的深度，活动周期是活动的纬度，在它们组成的空间里寻找最适合的力度是一个合格的策划的必修课。

3. 学会策划：建立活动体系是打开思路的钥匙

"当你用一年的活动时间做一场活动的时候，真的想太差都没办法。"但是活动体系不是时间这么简单，体系是有计划，有节奏，有延续性地做一件事所形成的规范化流程。

每个商家的情况不同，但是活动跳不出日常（周常、月常）、节日营销、特色活动3大类，三常活动一次策划一年，每次策划任何一个活动，总有灵感爆发，但是每次活动的容量不够，那么把那个灵感丢到适合的时间去，而坚持下去的结果是，每次有新的活动将要上线，以往的所有创意想法已经足够筛选了。

再加上每次活动都可以在一个月前就开始整个网络地扫创意，扫热点，不管公司是否有这样的规定，一个合格的活动策划必须如此坚持。养成了习惯，网店就有加分点了。

4. 学会选品：选品应丰富、有层次，与活动匹配

其实，大部分小电商公司的活动策划是兼做选品这一块的。那么如何选品？

（1）每次活动，必须有一款主打产品和一款小众产品，主打产品必须具有高性价比，要配最好的文案和最佳的位置。如果你设计的版面中所有产品都差

不多地排列,所有文案也都类似,你已经失败了。小众产品必须有格调,在众多产品当中,小众也许会因为绝对而热卖。

(2) 产品属性必须和活动风格匹配,比如母亲节,要强调温馨、内敛、回报等等。卖家要提炼每个产品的主卖点,并且进行分类。主打产品的永远是最匹配活动的,而普通产品绝不能喧宾夺主。

(3) 产品价格必须最少有 3 个层次,哪怕有再多的低价好产品。举例来说,特价活动有 10 个产品,一般 3 个产品低价,3 个产品能让客户看得出高性价比,3 个正常价格,1 个必须高价。

(4) 产品视觉也需要有层次。不合格的产品经理,选的产品颜色根本让活动策划者无法设计文案,让美工无法设计版面,让推广无法有推广的欲望。如果设计不够强大,那么作为策划,你必须有参考样板给他,包括你的版面规划。这种情况下,你选品就必须考虑价格的成列和色彩上的成列协调。

(5) 学会包装产品,丰富自己的选品库。活动策划眼里的产品分类永远和客户眼中的不一样。客户选品会因为外观、材质、价格而改变,策划则更需要挖掘产品卖点、搭配、典故。做策划必须熟悉产品,想到一个活动,脑子里面立马冒出几款产品,然后再去找几款产品,从中选择让你灵感爆发的去包装成主打。

(三) 客户关系管理

CRM(Customer Relationship Management)就是客户关系管理。从字面上来看,它是指企业管理与客户之间的关系。CRM 是选择和管理有价值客户及其关系的一种商业策略,CRM 要求用以客户为中心的商业哲学和企业文化来支持有效的市场营销、销售与服务流程。

统计数据表明,CRM 已成为当前中小企业信息化的重点应用软件。中小企业 CRM 市场的规模目前已达 8 亿美元,在今后五年中,这一市场将快速增长至 18 亿美元,在整个 CRM 市场中占比达 30% 以上。在接受调研的中小企业中,有一半的企业正在实施 CRM 项目,另一半有计划实施 CRM 项目。在众多的信息系统中,中小企业对 CRM 软件的使用效果满意度最高,满意率超过 80%,其中,高达 46.4% 的中小企业很满意目前的 CRM 软件。

CRM 是一个获取、保持和增加可获利客户的方法和过程。CRM 既是一种崭新的、国际领先的、以客户为中心的企业管理理论、商业理念和商业运作模式，也是一种以信息技术为手段、有效提高企业收益、客户满意度、雇员生产力的具体软件和实现方法。

因此现在 CRM 已经算是商用软件里面应用较好的软件，电子商务跟 CRM 在某些方面确实是相辅相成的，在中小企业的应用方面我们可以看得更明白一些。

电子商务的出现产生了真正意义上的 CRM，CRM 又成就了真正意义上的电子商务。CRM 即使再有能力，也必须得借助一定的互联网平台，实现与广大客户的不断沟通，在这里其实我们应该看到现在的电子商务是 CRM 发展中基本的、原始性的战略。只要在网上与客户发生交流与交易，这就跟电子商务原来的设想是一致的，可以说这就是电子商务，同时，电子商务的第三波浪潮将会要求企业在与其客户的交流互动中真正实现个性化。因此电子商务也是需要个性化 CRM 服务的，因此两者是相辅相成的。

在业内还有一些人认为：电子商务其实包括了 CRM，电子商务是一个非常大的概念，CRM 只是其中一个子集，CRM 是一种特定类型的电子商务。CRM 软件系统的成功实施往往伴随着从根本上改革企业的管理方式和业务流程。国内的企业在探讨 CRM 的策略和实施方案的时候，不少企业管理人更愿意商讨一些更为宏观的电子商务方面的话题，有人甚至认为 CRM 就是电子商务。

CRM 系统不仅要能提供电子商务的对接口，还要全面支持和开发电子商务。CRM 系统中包含的整套电子化解决方案，要能够支持电子商务的销售方式，如 B2B 以及 B2C 交易，可以满足企业开展个性化一对一营销及电子店面创建的需求。在支付方面，CRM 系统要支持并提高互联网和客户机/服务器（Client/Server System，简称 C/S 系统）应用的能力。从这些方面看，客户关系管理推动了电子商务的发展。

CRM 的"10C"架构如下：

（1）顾客轮廓（Customer Profile）：顾客轮廓指的是企业对顾客集成性信息的搜集，包括人口统计信息、消费心理特性、消费需求、消费行为模式、交易记录、信用等等，以充分了解顾客轮廓。例如，艾瑞调研数据显示，中国跨境网购用户以 80 后、90 后为主。其中 80 后占比最多，比例为 56.3%；90 后占比其次，为 21.7％。从用户的职业分布来看,用户以企业一般管理人员和私营企业一般员工为主,占比分别为 24.1％和 15.3％。

(2) 顾客知识(Customer Knowledge):顾客知识指的是与顾客有关,由信息转换而来,更深更广、更能指导 CRM 的一些经验法则与因果关系等。

(3) 顾客分层(Customer Segmentation):顾客分层指的是按照对产品/服务(P/S)的相似欲望与需求,将消费者区分为不同的顾客群(Need-based),或以顾客获利率来区分(Value-based),后者对 CRM 尤其重要。

(4) 顾客化/定制化(Customization):顾客化/定制化指的是为单一顾客量身订制符合其个别需求的 P/S,例如一对一的价格、一对一的促销、一对一的通路。此为 CRM 重要的手段之一,亦即由大量营销(Mass Marketing)变为分层营销(Segmentation),再变为一对一营销(One to One Marketing)。

(5) 顾客价值(Customer Value):指的是顾客期望从特定 P/S 所能获得利益的集合,包括产品价值、服务价值、员工友谊价值、品牌价值等。CRM 的目的在于提高顾客的所有价值,降低其所有的成本。

(6) 顾客满意度(Customer Satisfaction):顾客满意度指的是顾客比较其对 P/S 品质的"期望"与"实际感受"后,所感到的一种愉悦或失望的程度。

(7) 顾客的发展(Customer Development):顾客的发展指的是对于已有的老顾客,应想尽办法提升其对本公司的荷包贡献度(Wallet Ration),主要有两种做法:

① 交叉销售(Cross Sell):吸引老顾客来采购公司其他的产品,以扩大其对本公司的净值贡献。

② 高级销售(Up Sell):在适当时机向顾客促销更新、更好、更贵的同类产品。

(8) 顾客保留率(维系率)(Customer Retention):获得顾客保留率在于留住有价值的老顾客,不让其流失,利用优秀、贴心、量身订制的产品与服务来提升顾客的满意度,以降低其流失率(Churn Rate),获取其一辈子的净值。

(9) 顾客赢取率(Customer Acquisition):获得顾客赢取率指的是利用提供比竞争对手更高价值的产品与服务,来吸引及获取新顾客的青睐与采购。

(10) 顾客获利率(Customer Profitability):顾客获利率指的是顾客终身对

企业所贡献的利润,亦即其终生的采购金额扣除企业花在其身上的营销与管理成本。

(四) C2C 平台流量

1. PV 值

PV(Page View)即页面浏览量或点击量,它衡量一个网站或网页的用户访问量。具体地说,PV 值就是所有访问者在 24 小时(0 点到 24 点)内看了某个网站多少个页面或某个网页多少次。PV 是指页面刷新的次数,每一次页面刷新,就算作一次 PV 流量。度量方法就是从浏览器发出一个对网络服务器的请求(Request),网络服务器接到这个请求后,会将该请求对应的一个网页(Page)发送给浏览器,从而产生了一个 PV。那么在这里只要是这个请求发送给了浏览器,无论这个页面是否完全打开(下载完成),都应当计为 1 个 PV。

2. UV 值

UV(Unique Visitor)即独立访客数,指访问某个站点或点击某个网页的不同 IP 地址的人数。在同一天内,UV 只记录第一次进入网站的具有独立 IP 的访问者,在同一天内再次访问该网站则不计数。UV 提供了一定时间内不同观众数量的统计指标,而没有反应出网站的全面活动。通过 IP 和 Cookie 是判断 UV 值的两种方式:

1) 用 Cookie 分析 UV 值(CRM)

当客户端第一次访问某个网站服务器的时候,网站服务器会给这个客户端的电脑发出一个 Cookie,通常放在这个客户端电脑的 C 盘当中。在这个 Cookie 中会分配一个独一无二的编号,这其中会记录一些访问服务器的信息,如访问时间,访问了哪些页面等。当你下次再访问这个服务器的时候,服务器就可以直接从你的电脑中找到上一次放进去的 Cookie 文件,并且对其进行一些更新,但那个独一无二的编号是不会变的。

2) 用 IP 分析 UV 值

IP 即独立 IP 数,IP 可以理解为独立 IP 的访问用户,指 1 天内使用不同 IP 地址的用户访问网站的数量,同一 IP 无论访问了几个页面,独立 IP 数均为 1。

但是假如说两台机器访问而使用的是同一个 IP,那么只能算是 1 个 IP 的访问。

IP 和 UV 之间的数据不会有太大的差异,通常 UV 量比 IP 量高出一点,每个 UV 相对于每个 IP 更准确地对应一个实际的浏览者。但在实践过程中,也会出现两种例外情况,一是 UV 大于 IP,这种情况就是在网吧、学校、公司等公用相同 IP 的场所中不同的用户,或者多种不同浏览器访问同一网站,那么 UV 数会大于 IP 数。二是 UV 小于 IP,在家庭中如果电脑使用 ADSL 拨号上网,同一个用户在家里不同时间访问同一网站时,IP 可能会不同,因为它会根据时间变动 IP,但是实际访客数为 1,这时便会出现 UV 数小于 IP 数的情况。

(五) 消费者购物习惯描述实例

〔1-搜索〕:打开网站搜索关键字。

〔2-浏览〕:买家这个时候是处于**浏览模式**,在**选款中**,他心里有一个**预算**,并且脑海里面有一个她穿着一件漂亮的羽绒服的**模糊概念**,并且根据她的身材、个性,她会只喜欢某些类别的羽绒服,**买家分类**大家要记住,首图、详情页的前面 3 屏,决定了买家是否**喜欢**你的宝贝,不要想着你的宝贝能够适合所有买家! 比如说**加厚**,代表的是他要买的是御寒的。**修身**,代表她怕穿起来胖。卖家的关键字+价格+款式决定了喜欢它的人群,卖安要专心吸引属于你的人群,做出这批人群最喜欢的卖点。

〔3-决定停留〕:买家的心里是很着急地要找到一款自己**真正喜欢的**宝贝的,所以她进入详情页后,会快速地花几十秒来**决定**是否继续看这款宝贝,还是赶快回到刚才的搜索页面,因为那里还有几万个同样的宝贝在等着她浏览。必须在**黄金 30 秒**内,营造出**今天你必须要留下来看看我这款宝贝**的感觉。

〔4-被吸引〕:买家被你宝贝的前 3 屏吸引住,决定要好好研究这款宝贝是不是**适合**她,这个时候就是**导购**的开始。买家不喜欢被说服,他们更喜欢相信**自己的判断**,所以整个详情页的技巧,就在于让买家**产生幻觉**,自己一步一步地说服自己:这个决定是正确的。下面我们会讲怎么让买家产生幻觉,被催眠。

〔5-做决定〕:买家不喜欢被说服,所以所有的决定,必须来自她自己! 作为一个卖家,必须给买家足够多的理由,帮助她说服她自己,协助她做决定。给买家**紧迫感**,让她感到必须今天下单,过了今天就没有了!

（六）吸引流量——以淘宝为例

一个流量的产生，是因为有下面 4 个条件被满足。

（1）你的标题里面含有买家搜索的关键字。

（2）你的宝贝排名够靠前，能够在 5 页内出现在买家的面前（大部分消费者甚至不会往后翻页）。

（3）你的首图跟其他 40 张图片比起来，更能抓住买家的眼球，你图片上面营造的"性价比与迫切感"，让他们有必须点击进去看看的冲动。

（4）你的详情页上前面的 3 屏，就必须能在买家一眼看过去时说服自己，让其愿意停留下来，等待你的图片展开。给其留下来看完你的宝贝的理由。

要做到每天有 1 万的自然搜索 UV，我们要拆解上面 4 个步骤，去逆向思考：我是买家，我为什么进来，为什么要买你的宝贝，为什么今天必须买。

在淘宝开店，你不管卖什么，最终都是因为"买家有需求"。你有"符合买家需求的产品"，才会有成交。

贯穿整个淘宝搜索引擎优化的最重要两点是：一是让淘宝搜索引擎"判定"你的宝贝"符合"买家的需求；二是让买家"自己"决定要买下你的宝贝。

1. 标题

在做标题的时候，你绝对要记住一个最重要的诀窍，寻找热搜关键字，然后围绕着这个主关键字，开始找出精准有转化率的意向关键字，记住一页搜索结果是 40 个宝贝。

2. 排名

淘宝的排名分为综合排名、人气排名、类目排名。综合排名占据了 80％的流量，人气与类目占据了大约 15％。

三个排名代表了三种需求：

综合排名＝下架时间在 24 小时以内

人气排名＝关联性高，人气值高

类目排名＝属性是淘宝类目优先推荐属性

（七）搜索引擎优化(SEO)——以直通车为例

1. 淘宝直通车

淘宝直通车是为专职淘宝卖家量身定制的,按点击付费的效果营销工具,为卖家实现宝贝的精准推广。它是由阿里巴巴集团下的雅虎中国和淘宝网进行资源整合,推出的一种全新的搜索竞价模式。它的竞价结果不只可以在雅虎搜索引擎上显示,还可以在淘宝网上(以全新的图片＋文字的形式)充分展示。每件商品可以设置 200 个关键字,卖家可以针对每个竞价词自由定价,并且可以看到在雅虎和淘宝网上的排名位置,排名位置可用淘大搜查询,并按实际被点击次数付费(每个关键词最低出价 0.05 元,最高出价是 99 元,每次加价最低为 0.01 元)。

做直通车优化,核心就是做质量得分的优化。

您的实际扣费＝下一名出价×下一名质量得分／您的质量得分＋0.01 元

2. 关键思考维度

(1) 从买家的角度去思考。

买家无非就是想淘到质量好、口碑佳、款式不错、跟自己兴趣对口、价格实惠的产品。

所以选择做直通车推广的宝贝,就必须满足以上条件,保证一定的性价比,这样才可以保证一定的转化率,有较好的点击反馈(成交量、收藏量、点击数等)。

(2) 从淘宝的角度去思考。

淘宝的首要出发点肯定就是盈利。开店免费,不赚钱怎么行? 对淘宝的盈利产生有直接影响的因素有:买家投放的直通车的点击率;投放直通车的忠诚度(你开一天,停一天,淘宝是不会喜欢你的);直通车投放的预算(长期、持续地投放,质量得分更有优势)。

淘宝的出发点其次就是维护整个平台的健康运营,所以以下行为淘宝也肯定是不喜欢的,有以下行为,你的质量得分也不会高:

■ 作弊刷信誉的行为。

■ 卖假冒伪劣产品。

■ 有重大违规记录。

■ 卖家的服务相关指标偏低的,比如客服客户响应速度、发货速度、实物与描述相符程度等。

3. 质量得分

质量得分主要用于衡量描述宝贝的关键词与宝贝推广信息和淘宝网用户搜索意向之间的相关性,其计算依据涉及了多种因素。直通车会持续优化质量得分公式,其核心组成部分会保持稳定,如下所示:

■ 关键词与宝贝本身信息的相关性。

■ 关键词与宝贝类目和属性的相关性。

■ 关键词与宝贝在淘宝上推广的反馈,包括成交,收藏和点击。

■ 账户的历史记录,根据卖家账户内的所有推广和关键词的反馈计算得出。

■ 宝贝详情页质量。

■ 其他相关因素:图片质量、是否消保、是否存在某些严重违规行为、是否处罚等。

■ 其他淘宝推荐重要属性:化妆品是否假一赔三等。

最佳运营实践

"它山之石,可以攻玉",研究和借鉴国内外跨境电商最佳运营实践,可以获得若干启示和建设性意见,有助于开阔视野,激发更为广泛的创新元素,从而起到启发、借鉴和优化的作用,促进跨境电商更快发展。

(一)营收角度

1. 单次营收成本(CPA)

CPA 应作为分析报告中的最佳度量之一,其中展示次数(Impressions)、点击数(Clicks)、点击率(CTR)、平均每次点击成本(Avg CPC)、转换

(Conversions)等度量数据均可直接获得,但是成本(Cost)需要自行核算。

最终从目标获取的单次成本来考核,淘汰 CPA 不适当的营销项目,提高 CPA 较低项目的投入。

2. 点击率

CPA 作为宏观度量,只提供营销活动的基本信息,我们还需要通过点击率(CTR)度量,更加深入地去分析联盟营销(Affiliate Marketing)、搜索引擎营销(SEM)以及旗帜广告等营销活动的创收能力与访客质量。

SEO/SEM 的关键字选词、排名、访客搜索词与关键字的匹配度,都会对提高 CTR 有帮助;如果访客来到我们网站(未跳出),那么意味着我们获得了一次说服他们购买我们产品或服务的机会。

通常,频繁、较大幅地对展示效果进行优化,会使得我们的再营销活动(Remarketing Campaigns)有巨大的改观。例如,优化 EDM 邮件标题、广告投放的地理位置等都会使 CTR 明显提高。因此,我们应当将创意营销活动列出来,去掉表现差的,提高表现好的,如此反复。

3. 新访问比例

通常用这个度量可以调整我们的营销策略,发掘能为业务带来新大陆的营销方式。如果我们正忙于已有盈利性付费媒体的监测,希望付费搜索、广告、联盟营销以及社会媒体营销能带来新访客,那么该度量就显得尤为重要,除非我们放弃业务的增长。

常用电商网络营销缩写语参见表 7-1。

表 7-1　常用电商网络营销缩写语解释

缩写	全称	解　释
SEO	Search Engine Optimization	搜索引擎优化
KPI	Key Performance Indicator	把对绩效的评估简化为对几个关键指标的考核,将关键指标当作评估标准,把员工的绩效与关键指标作出比较的评估方法
CPC	Cost Per Click	每次点击费用根据广告被点击次数收取、关键词广告采用 CPC 模式,是作为网络广告投放效果的重要参考数据。CPC 是网络广告界一种常见的定价形式

（续表）

缩写	全称	解　释
CPM	Cost Per Mille	网络广告定价,每千次印象费用广告条每显示 1 000 次印象费用
CPS	Cost Per Sales	根据网络广告产生直接销售数量付费定价模式
CPD	Cost Per Day	按天收费是广告合作的一种常见方式
ROI	Return On Investment	投资回报率是指通过投资而应返回的价值,它涵盖了企业的获利目标。利润和投入的经营所必备的财产相关,因为管理人员必须通过投资和现有财产获得利润。投资回报率(ROI)＝年利润或年均利润/投资总额×100％
CPA	Cost Per Action	按注册成功支付佣金
UV	Unique Visitor	访问您网站的一台电脑客户端为一个访客。00:00～24:00 内相同的客户端只被计算一次
PV	Page View	即页面浏览量或点击量,用户每次刷新即被计算一次
VV	Video View	视频播放次数,为当前衡量视频网效果如何的参数之一
CTR	Click Through Rate	点击到达率(到达目标页面的数量除以广告的浏览量)
UGC	User Generated Content	即网友将自己 DIY 的内容通过互联网平台进行展示或者提供给其他用户

（二）顾客行为角度

1. 跳出率(Bounce Rate)

通过跳出率高低,卖家可辨别营销活动带来的访客与登录页的相关性匹配情况,以此对营销活动进行减少或增加资源投入。

2. 支付放弃率(Abandonment Rate)

最快挣钱的方法是从想给你钱的人手中获得。卖家可重点关注支付过程中放弃率最高的环节,通过减少支付步骤,将账号注册由开始放到最后,对 A/B 测试与多变量测试(成本高)等措施不断测试、考核,将会有很大的营收改观。

3. 访问深度（Page Depth）

极少访客会在一个站点浏览以上几个页面，这是互联网实情。因此在不断提高用户体验、内容架构、内容相关性的同时，我们应当重点关注访客访问深度情况（Page Depth），而不是没有用处的平均每次访问页数（Average Page Views per Visit or Average Time）、平均网站停留时间（Average Time on Site）。

通过访问深度报告，我们可以将访客的访问根据个人喜好进行分类组合。例如分为放弃者、搭讪者、浏览者、一次性访客、忠实访客，那样我们对内容表现的看法会有戏剧性的改变，通过长久的深入关注，我们将会发现业务的盈利点。

4. 忠诚度（按访问次数）

如果说访问深度优化的是单次访问体验，那么忠诚度将会是批量级的。换句话说，就是衡量我们网站吸引同一访客多次访问的能力。对于电子商务或者非电子商务网站来说，忠诚度好与差的差异意味着巨大收益与难以存活。

第一，以"实现 x 次的访问占总访问 y％"为目标。电子商务网站可以用"每天转化数报告（Days to Conversion）"来设置目标。内容站点可以依据内容更新规划来制定目标，例如我们是《纽约时报》，每天 24 小时更新网站，是不是目标就可以是平均每个访客访问 90 次/每月呢？

第二，将设置好的高级细分群体，应用于关键字报告、广告系列报告、引荐报告，就可以辨别带来忠实访客的主要是哪些流量来源。将其应用于内容报告，就能推断出哪些内容（体育新闻，国际新闻，还是宠物故事）能吸引忠实访客。

5. 事件/访问（Event/Visit）

访问次数，在许多统计工具中都会有。如果我们用的是新版 Google Analytics，那么可以通过"受众群体"→"行为"→"覆盖率与频次"查看。

每个不错的大型站点，都会以各种复杂技术（Flash、AJAX、插件等）提供丰富的访客体验（视频、演示、动态幻灯片、配置程序等）。几乎一直以来，我们仅仅以经验（或页面噪音）来衡量它们。事件跟踪可以帮助我们对它们进行测量，通常能令人惊讶地获得相关用户体验信息，赢得珍贵的主动权。

（三）营销转化率度量

1. 宏观转化率（Macro Conversion Rate）

营销要重点关注转化率，并竭尽所能去提高它。通过定期查询流量来源报告营销中的转化率，营销要降低表现不佳的流量来源投入，提高表现好的流量来源投入。做好营销策略让其涵盖面广，并都保持盈利，那我们的收益将会最大化。

我们可以给买两次的客户创建一个高级细分群体，然后通过来源、地理分布、两次购买产品的类型、关键字与营销活动等去挖掘更多同样的潜在客户。切记同时查看转化率与转化次数，以免决策失误。

一般来说，只需围绕上述四个度量：单次营收成本（Cost Per Acquisition）、跳出率（Bounce Rate）、支付放弃率（Checkout Abandonment Rate）、全局转化率（Macro Conversion Rate），进行运营监测，即可取得良好的功效。最好是已全面掌控此四大度量后，再拓展至其他度量。

2. 微观转化率（Micro Conversion Rate）

通常我们查看报告，会发现仅不足 2% 的访客实现了转化。因此我们仅仅关注宏观转化率（Macro Conversion Rate），就意味着默认放弃 98% 访客的价值，损失巨大。

通过查看具体转化次数（目标）以及它们在长短期带来的收益，我们会很快地发现它们能带来的价值远远超过宏观转化报告中展示的收益，优化它们即可获得巨大的惊喜。

3. 每次访问目标价值（Per Visit Goal Value）

通过此 KPI，一方面可以避免只关注那 2% 访客转化的弊端（因为它关注的是每一次访问），另一方面可以促使我们拓展更多适合访客的业务。

虽然不是每个访客都能实现目标转化，但是每个访客都有其固有的经济价值。查看这个度量，能让我们确定那些创造高价值的目标，并且明白一些简单的道理，例如什么是我们的重点。如果说 Twitter 带来的每次访问目标价值为 87 美分，Google 是 97 美分，也许我们就应当将更加注重 SEO 策略，而不是采纳那些说搜索引擎已过时的社会媒体营销专家的建议。

对于中型网站需关注以上 9 个度量，如果有一天我们能获得超过 500 万美金的经济收益,就说明它们见效了。它们与小型站点度量的不同之处的关键在于,我们需要致力于多重转化、深层次的网站交互以及更好的营收效率分析。

(四) 运营决策

营销大师艾德·梅尔(Ed Mayer)提出:要想成功,40％取决于定位,40％取决于产品和定价,20％取决于营销。有的时候我们发现,卖同样产品的卖家,有的评价产品好,有的评价产品不好。因为不同店铺的顾客生态圈不一样。跨境电商运营决策所涉及的方面很多,也很烦琐,但是通常情况下进行运营决策的时候,需要考虑表7-2所示的关键因素。

表7-2 运营决策因素表

应用方向	具体项目	量化数据	构建模型	分析工具	发展潜力
运营分析优化	企业财务优化	财务报表数据	商业模式	经济分析,通过价值分析、成本效益分析、价值功能分析,采用净现值(NPV)、内部收益率(IRR)等指标	建立模型比较困难,(简化 vs 准确),但是需求还是很大的
	供应链财务评价	风险指标、盈利指标、流动性指标、发展潜力指标		主成分分析,相关的经济变量间存在起着支配作用的共同因素,可以对原始变量相关矩阵内部结构进行研究,找出影响某个经济过程的几个不相关的综合指标来线性表示原来变量	需要大量的统计数据,不一定反映客观发展水平
	库存绩效优化	分析仓库硬件指标,寻找短板		关联矩阵法,确定评价对象与权重,对各替代方案有关评价项目确定价值量	优化价值不高
	运营策略抉择	收集尽可能多的数据		序贯解法,用单目标线性规划法求解问题,每进行一步,分析者把计算结果告诉决策者来评价结果.如果认为已经满意则迭代停止;否则再根据决策者意见进修改和再计算,直到满意为止	足够的信息才是制胜关键

(续表)

应用方向	具体项目	量化数据	构建模型	分析工具	发展潜力
优化客户体验	库存管理优化	消费习惯、行为模式,包括Cookie、SNS(社交网络服务)。	客户行为习惯模型	模糊积分,可以克服传统数学方法中唯一解的弊端.根据不同可能性得出多个层次的问题题解,具备可扩展性,符合现代管理中柔性管理的思想	特别适用于消费者偏好识别
	分化目标人群				
	客户忠诚度管理				
智能安全防范	互联网安全		云计算,人工智能	数据挖掘,智能化评价方法,模拟人脑智能化处理过程的人工神经网络技术,通过 BP 算法,学习或训练获取知识,并存储在神经元的权值中,通过联想把相关信息复现。能够揣摩提炼评价对象本身的客观规律,进行对相同属性评价对象的评价	信息收集与顾客隐私的矛盾;关于信息安全
	犯罪预测	犯罪数据库		未来发展方向,实名制联网	
物流管理	实时路线规划			人工智能对实时信息的快速处理	
	需求预测与评估			运筹学方法,以相对效率为基础,按多指标投入和多指标产出,对同类型单位相对有效性进行评价,判断准备是否充分,提供整体解决方案	不要仅仅针对问题,要提供解决方案。针对整个区域需求评估有效性
	风评与弹性			大数据技术提高了规划的可靠性和实施的细节水平,使物流供应商能够完美地匹配电商的需求和可用资源提供。	冗余合理设置
	绿色可持续供应链			流程标准化,规范化以节约成本	
供应链金融	产业链整合,上下游交互	产业预测,企业信息收集		Delphi 法,征询专家,用信件背靠背评价、汇总、收敛	应收账款融资有助于全产业链发展

第8章

中国跨境电商
行业发展建议

随着"互联网十"经济的持续发展和高科技在社会生活中的不断应用，以及"一带一路"倡议的持续性推进，跨境电商在未来会有更加广阔的市场和发展空间。跨境电商的迅猛发展，也带来了一系列的问题。根据前文对我国跨境电商的现状和问题的研究，以及对未来的发展趋势的预测，本章节主要通过政府、跨境企业两方面来提出相关的发展建议，以促进我国跨境电商持续、蓬勃的发展。

以跨境电商发展契机促进贸易便利化

（一）跨境电商改变了国际贸易

跨境电商作为推动经济一体化、贸易全球化的技术基础，有效拓宽了企业进入国际市场的渠道，使消费者能够便捷地购买到来自世界各地的物美价廉的商品。可以说，跨境电商正在成为推动国际贸易发展的新引擎，这是一种全新的国际贸易形式。这种全新的国际贸易形式，影响的绝不仅仅是交易环节，而是整个贸易流程中的所有环节。原本参与国际贸易的绝大部分是大型企业。

Braga（2005）认为政策会影响电子商务的发展，也会带来问题。电子商务在跨境贸易中的广泛应用会增加跨境纠纷的可能性，这个时候就需要国家政策监管和国际协调，不同国家的不同政策也可能加剧这种纠纷[①]。

（二）跨境电商贸易便利化措施

跨境电商的快速发展为推动贸易便利化提供了契机，同时贸易便利化措施也驱动了跨境电商的发展，因而在跨境电商贸易便利化措施方面，我们可以按下列建议采取措施。

1. 健全跨境电商相关法律法规

任何一个新兴行业的发展初期都不能缺少法律法规的保驾护航。除了应该给予政策扶持鼓励其成长之外，还应制定相应的法律法规来规范和引导行业发展。由于跨境电商涉及不同国家和地区，再加上网络交易的一些自身特点，跨境电商相关法律法规的制定和执行都具较大的难度。跨国诉讼和国际商事仲裁、调解这些传统的主要跨国商事纠纷解决方式都不再适合跨境电商争议的解决，境外法律判决执行难度大、跨境诉讼成本高和复杂的跨国司法程序都是影响的因素。目前跨境电商法律法规的不健全已经直接影响到消费者和经营

---

① Carlos A. Primo Braga. E-commerce regulation: New game, new rules? [J]. Quarterly Review of Economics & Finance, 2005, 45(2-3):541-558.

者参与跨境电子交易的信心,从而影响跨境电商的发展。

2. 创建跨境电商综合服务平台

随着国家对跨境电商监管政策的日渐明朗,传统中小型外贸企业面对新的监管政策产生了不适应性。这些企业具有以下两个共同特点,一是长期使用邮路运输,在税务上不征不退;二是对于阳光化的跨境链条不够熟悉,在面临跨境电商监管新政策时显得无所适从。而一些大型跨境电商企业在对接政府、海关等部门,处理跨境电商长链条环节出现的问题方面具有丰富的经验,于是孕育出了一批由大型跨境电商企业建设的跨境电商综合服务平台,为这部分中小企业和个人卖家提供营销、金融、通关、物流、退税、结汇等代理服务。

我们应进一步完善跨境电商通关服务平台和公共服务平台,落实利用跨境电商通关服务平台进行分送集报、结汇退税,为中小外贸企业提供通关便利,方便政府部门对小额跨境电商进行统计监管,创建跨境电商综合服务平台。实现通关服务平台、公共服务平台和综合服务平台的数据交换对接,方便政府部门对跨境电商的监管统计,也有利于帮助传统外贸企业成功渡过过渡期,熟练掌握跨境电商操作流程和技巧,这是我国跨境电商实现真正便利化的有力杠杆。

3. 参与跨境电商国际合作

跨境电商的本质实际上就是国际贸易,而调节全球贸易进出各国及区域的共同组织除了大家熟知的世界贸易组织(WTO)之外,另一个重量级的协调组织就是世界海关组织(WCO)。这是一个国际性的,为统一关税、简化海关手续而建立的政府间协调组织。WCO在2016年9月已经成立了一个工作组,该工作组于2017年12月在埃及的卢克索发表了《卢克索决议》,承认了跨境电商对外贸的巨大推动作用,认为它是世界经济发展的动能和新引擎。但同时跨境电商也给全世界各国的海关带来了问题,主要涉及:第一,监管问题。跨境电商将国际贸易碎片化后,大量的邮包快递出现在监管场所,原有的集装箱进口里面常常是只包含一个进口商的货物,现在一个集装箱的包裹收货人可能是几千个。这种变化实际上是改变了对外贸易在跨境时的管理方式,以前供应链是从制造商到消费者的过程,出口商和进口商在边境申报,往后所有手续都是在国内市场办理。现在电商的变化是没有了进口商,所有的货物直接抵达消费者。随着供应链的拉长,边境管理必须延伸到国内,延伸到消费者,这是个非常大的挑战。第二,税收。大量小包裹出现以后,每个国家都制定了最低起征点,比如说欧盟规定 22 欧元以下不用交税,中国针对个人进口的行邮税是 50 元人民币以下税额不用交税,这种情况下,大量的包裹都报成低于最低起征点的价格。第三,安全。由于海关监管是以每一票货物为单元的,一个集装箱内如果有成千上万个货物,那么,海关的监管能力是不足的,这就会使知识产权问题、毒品问题、枪支弹药武器走私问题更加突出。第四,统计。包裹是否由跨境电商带来,从贸易统计上来说非常难确定。如何应对这些挑战呢?《卢克索决议》当中定下了 8 条原则,这些原则也就是目前制定跨境电商标准的主要原则。这 8 大原则的主要内容是:第一,提前获取数据进行风险分析。电商最大的特点就是所有网上支付、订购、物流等都是有数据的,如果能够提前拿到数据,就可以进行风险分析,出问题可能性越大,说明风险越高,出问题的可能性越小,说明风险越低,对于低风险,甚至没有风险的这些就要进行简化手续。第二,简化手续促进贸易便利化。这一项的前提就是要做到心中有数,提前申报就是贸易便利化非常重要的措施。第三,确保国家和社会的安全。除了关税问题之外,还有环境问题、反恐问题、毒品问题、濒危动植物走私问题。第四,加强税收征管。一是设立最低起征点,二是提供多种征税方式,大多数征税方式叫作平台代征,或者是卖方征收,将来也可以有买方征收甚至是个人征收的方式。第五,重视测量与分析。目前为止还没有一个权威的方法,WCO 认为需要不断摸索一套完整科学的统计方法,来指导发展趋势,海关通关是一个数据来源,邮政、快递、平台企业都可以贡献数据,帮助测量、统计跨境电商的规模。第六,建立合作伙伴关系。电商供应链当中所有的参与方都应该一起合作,让电商能够可持续发展,包括国际合作,海关和海关、其他执法部门等之间的合作。第七,开展公众宣传教育和能力建设。由于跨境电商涉及大量个人消费者,所以政府有责任尽到宣传的义务,要让消费者在购买之前,知道监管要求以及自身的责任和权利。第八,完善国际、国内立法。特别是涉及数据交换的,要制定相关法律规定,确定哪些数据应该交换,哪些可以交换,该怎么交换。

　　跨境电商的便利化与各经济体之间的区域合作密不可分,我国政府部门应积极参与国际组织的相关会议和项目谈判,建立与各国间的友好往来和合作关系,达成税收优惠、信用体系建设合作、数据安全、网络犯罪等方面的谈判与协调机制,以寻求更加便利高效的边界管理和创建更加安全的国际互联网环境,营造更加有利于我国跨境电商发展的营商环境,将跨境电商便利化水平提高到国际领先的高度。

加强知识产权保护,建立品牌意识

(一) 重视知识产权保护,发展自主知识产权

尽管我国知识产权保护制度在很大程度上借鉴了欧美发达国家知识产权法律体系,而且发展迅速,但与美国知识产权法律保护相比仍有较大差距,如美国知识产权法赔偿额度较高,在专利诉讼中,美国法院经常会作出数百万美元甚至上亿美元的赔偿判决。尽管知识产权法保护主要为联邦法,但在美国某些地区如伊利诺伊州,出台了地方性法规,规定任何人不需要提供金钱利润上受到损失、或对方意图欺骗的证据,就可以对侵犯知识产权行为进行举报和起诉并获得赔偿。因此,国内企业在向美国出口、销售、许诺销售商品时,应当高度重视知识产权保护问题,避免售卖侵权产品,不可存侥幸心理。我国企业应当注重发展自主知识产权,在没有做好充分准备之前,建议可以发展南美、非洲等知识产权竞争程度相对较低的国际市场,再行考虑进军欧美市场。

(二) 知识产权先行,做好尽职调查与产品回避设计

国内企业在产品进军欧美市场之前,一定要知识产权先行,做好产品侵权尽职调查和回避设计,以降低侵权风险。美国的专利法、商标法和版权法对于故意侵权规定了法定的三倍赔偿额并附加律师费,因此国内企业其产品在美国销售之前,应对有关知识产权进行尽职调查,聘请律师事务所就产品做出不侵权法律意见书或竞争产品专利权无效的法律意见,这样能有效避免或降低被指控承担三倍赔偿的法律风险。此外,有效的回避设计也能大大降低被提起知识产权侵权起诉及败诉的法律风险。

（三）制定自主品牌营销策略

跨境电商企业的健康持续发展离不开自主品牌，想要提高自主品牌的开发能力、驾驭能力与营销能力，首先应该打造一支高素质团队。一支优秀的电商团队包括多个方面，即平台操作、物流选择、客服处理以及产品开发。目前我国跨境电商企业更加擅长于平台操作，销售能力强，而在品牌营销、销售渠道等方面的处理能力却很差。跨境电商企业要实现自主品牌营销就必须从自身发展的实际现状出发，首先可以在主要消费地和国家注册，并以自身团队线上和线下营销和品牌建设相结合，在发展中不断积累线上营销基础口碑，然后在此基础上对境外市场进行细致划分，并与境外当地的电商进行合作，从而尽快地促进电商企业品牌本土化，更加贴近当地消费者。最后在此基础上实施主要国家和地区品牌分销战略，甚至是全球分销战略，促进营销模式从 B2C 向 B2B2C 的方向过渡。

完善跨境电商信用体系标准

信用在电子商务各种交易活动中发挥着重要作用，电子商务交易存在的虚拟性和匿名性导致了信息不对称，交易双方不能很好地辨识对方的信用情况，进一步加剧了风险。面对这种情况，一种必要且有效的方法是尽快建立并完善相关规章制度，并在交易过程中设置信用中介机构，加入第三方约束。构建一个完善的跨境电商信用评价体系，其中会涉及法律法规、信息技术、信用标准等多方面的保障因素。

（一）立法工作仍需不断推进，提供法律保障

在跨境电商发展的初期，政府为了促进这一领域的发展，对企业准入门槛的监管管理较松。但现在为了提高跨境电商企业的产品和服务质量，我们必须要提高电商准入的门槛，在经营范围、企业规模、担保金和惩罚体制上，都应制定较为细致和全面的规章要求，不符合要求的企业，严禁进入跨境电商领域，还要规范行业的统一标准，以便更好地进行监督与管理。

国家发改委、商务部、海关总署、人民银行等部门积极围绕跨境电商相关问题制定了一系列的法律法规和政策。虽然没有出台专门的法律法规来对电子商务以及跨境电商交易中的信用问题进行规范,但很多法律法规都包括了这方面的规定。这些立法程序的不断推进,对跨境电商信用的规范发展起到了一定的保障作用,提供了良好的环境。具体而言,针对信用问题,相关的法律法规如下:

(1) 2004 年 8 月 28 日,国务院办公厅出台了《电子签名法》,主要是使用可靠的电子签名以及提供电子认证服务。

(2) 2007 年 12 月 13 日,商务部发布《商务部关于促进电子商务规范发展的意见》,致力于推动网上交易的规范健康发展,加强网上交易行为的规范化,降低交易风险。

(3) 2010 年 6 月 24 日,商务部出台《关于促进网络购物健康发展的指导意见》,规范了交易环境、交易主体、交易行为等。

(4) 2010 年 9 月 15 日,中国人民银行颁发《跨境贸易人民币结算试点管理办法实施细则》,致力于推动跨境电商的发展。

(5) 2012 年 6 月 1 日,国家工商行政管理总局颁发《网络商品交易及服务监管条例》,涉及消费者、经营者、服务提供者、交易平台等多个主体。

(6) 2013 年 2 月 17 日,国家外汇管理局颁布《支付机构跨境电商外汇支付业务试点指导意见》。

(7) 2013 年 8 月 29 日,商务部、国家发改委等九部委出台《关于实施支持跨境电商零售出口有关政策的意见》,就跨境电商发展中遇到的问题提出六项措施,并提出要建立电子商务出口信用体系,目的在于改善当前的信用体系以及市场秩序。

(8) 2013 年 10 月 31 日,商务部又出台《关于促进电商商务应用的实施意见》,提到要加快跨境电商物流、支付、监管、诚信等配套体系建设。

电子商务的发展,推动了网络交易的立法,然而跨境电商出现晚,仍然处于萌芽成长期,虽带动了跨境贸易立法的增加,但是我国有关跨境电商的法律法规数量还比较少,因而需从立法层面进一步完善法律体系,提高消费者及商家两者的信用,这样才能推动跨境电商的快速发展。

（二）技术为构建信用体系提供基础支撑

跨境电商各个环节的顺利进行都离不开技术,要进一步解决信用问题,规范其发展。建立起较完善的信用评价体系更是需要一个良好的技术环境支撑。

一是大数据技术。在跨境电商交易中,往往会产生大量的数据,而且数据类型非常多,涉及商品信息、交易决策信息、配送信息等等,如果对这些信息加以分析利用,便可创造出有价值的信息,包括在交易前、交易中和交易后的信用信息。海量信息的处理并非易事,但依靠大数据可以顺利完成。近几年随着我国互联网金融的快速发展,大数据越来越被人们所熟知,并逐渐应用在征信系统中,这将为建立跨境电商信息评价数据库提供极大便利。

二是平台技术。我国跨境电商的交易主要依靠几大平台,跨境企业数量的快速增长和交易额的急剧增加,给平台运行带来了一定的压力。因此,敦煌网、阿里巴巴等平台都在不断进行技术升级,加强网络安全性,这在一定程度上降低了跨境电商信用问题的发生概率,进而提高了跨境电商交易信用。

三是认证技术。中国电信 CA 安全认证系统、中国金融认证中心为电子商务企业提供的企业证书、服务器证书等提高了这些企业的信用和认可度。同时在跨境支付中,第三方认证支付技术也发挥了重要作用,大大提高了国外客户对我国跨境电商企业的信任度。

跨境电商的迅猛发展,不仅代表了我国的经济实力的增强,也体现了我国经济的开放性和包容性,更是我国对外国际形象另一个角度的展示。政府不应着眼于平衡不同地区之间跨境电商贸易额之间的差距,而应根据地方的特色与区域的实际情况,对自主品牌和民族企业的跨境发展给予行业的指导,鼓励跨境企业自力更生,摆脱完全依赖政府政策的发展模式,鼓励打造具有竞争力、科技含量高、经济效益好的优质跨境电商企业。

培育综合性跨境电商人才

跨境电商的迅速发展,对跨境电商人才提出了巨大需求。兼具创新创业特征的跨境电商人才,必须是一种具备综合才能的人才。相关人才的培养必须与跨境电商的发展相适宜，与企业实际需求相配合。通过校企合作、产学联盟等多种形式与平台，建立起教学模式与企业需求相结合的良性循环系统，是跨境电商人才培养的关键之处①。

跨境电商人才除了需要具备一定的外语和外贸知识，还要掌握电子商务、国际营销、国际货代与通关等专业技能，能开展网页制作与维护、产品拍照和图片处理、网络营销与推广、交易风险控制、交易纠纷处理、国际物流、海外仓储等业务。通过调研发现，当前跨境电商对人才的基本需求如下：

一是跨境电商企业更加青睐国际贸易专业及电子商务专业等方面的人才（参见图 8-1）。

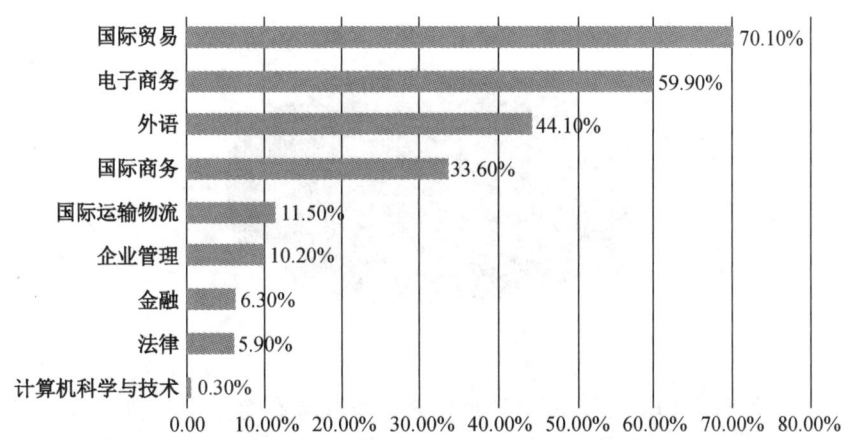

图 8-1　企业选择跨境电商人才倾向的专业

二是企业更希望跨境电商人才来源于复合性学科人才（参见图 8-2）。

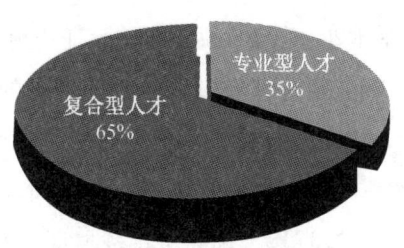

图 8-2　企业理想的人才需求

①　孙从众."互联网＋"背景下高职院校跨境电商人才"三位一体"培养模式探索——以宁波地区跨境贸易电子商务发展情况为例[J].湖北成人教育学院学报,2015,21(06):14-18.

三是跨境电商企业更缺业务岗位的人才(参见图8-3)。

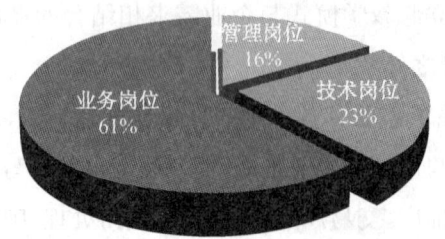

图8-3　需要跨境电商人才的岗位

四是跨境电商企业认为专科和本科人才就可以了,最缺本科人才。跨境电商发展的最大制约在人才体系的建立(参见图8-4)。

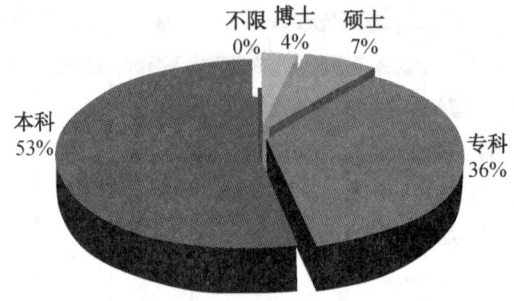

图8-4　最需要的跨境电商专业人才

由于缺乏跨境电商人才,虽然近年来电子商务在企业中应用日趋广泛,但是企业网上商务活动仍然是以广告宣传、寻找供应商或代理商、网上询价、洽谈等初级电子商务应用为主。很多企业还处于线上洽谈、线下成交的状况,电子商务难以成为企业发展的战略增长点。另外,跨境电商从业人员以初级人才为主,多从事客服工作和基本业务操作,缺少能够胜任跨境电商营销、商业大数据分析、用户体验分析、国际金融结算和供应链物流管理的中高端、复合型人才,更加缺乏熟悉电子商务前沿理论、洞悉跨境电商发展规律、引领跨境电商产业发展的战略性人才和领军人物。调查发现,跨境电商企业对具备一定操作技巧和实战技能的中级人才需求量最大,远高于具备丰富经验的高级人才和会基础操作的低层次人才[①]。

[①]　毛姣艳.跨境电商发展给高职外贸人才培养的启示[J].当代经济,2015(34):130.

第 9 章

中国跨境电商
试点城市格局

2013 年,国家发改委审批通过由海关总署推荐的上海、重庆、杭州、宁波、郑州这 5 个城市开展跨境电商服务试点,并全面启动。广州、深圳、天津等城市也陆续获批跨境电商试点。2016 年 1 月国务院同意在天津市、上海市、重庆市、合肥市、郑州市、广州市、成都市、大连市、宁波市、青岛市、深圳市、苏州市这 12 个城市设立跨境电商综合试验区,加上早先批准的杭州,全国的跨境电商综合试验区总计达到了 13 个。

跨境电商试点城市——上海

（一）上海试点跨境电商模式

2016 年税改后，跨境电商的模式可以重新定义为保税模式、直邮模式和行邮税模式，上海试点在兼顾直邮模式和保税模式的前提下，还承接一般进出口贸易。上海试点的模式可以具体概括为两点。

（1）直邮模式和保税模式相结合。跨境通 2013 年已经上线，在跨境通的支持下，上海全力升级各项服务，为跨境电商发展提供更强大的支持。

（2）保税区和自贸区相结合，建立前店后库的新模式，在保税、完税、免税的流程中做到更加简化，既提高效率又实现展销一体化。

（二）上海跨境电商综合平台——跨境通

跨境通是上海为跨境电商试点而特意打造的电商平台，跨境通上线于 2013 年，类似于电商网站，入驻平台的商家需要经过海关备案。

跨境通模式主要分为自贸模式和三段式直邮模式。自贸模式（参见图 9-1）具有物流配送成本低、商品调配便利、收单时效快、售后保障便利 4 大特点。

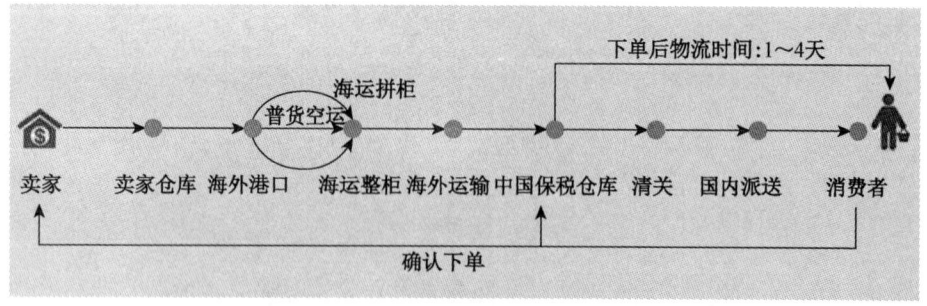

图 9-1　自贸模式

三段式直邮模式（参见图 9-2）下商家需向跨境通申请直邮配置，完成 SP（Sales Promotion）后台直邮配置升级；境外操作，达到打包、贴单要求；确定国际物流供应商，定航班，开具航空快件总仓单，定点运输；通过跨境通直邮申请系统,更新订单物流信息;与航空物流承运人及时沟通航班、落地时间等信息。

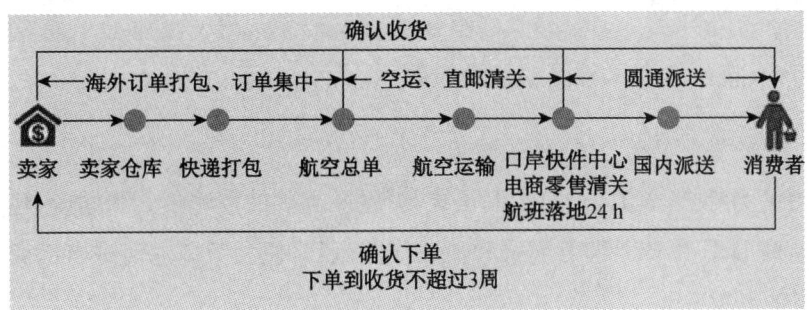

图9-2　三段式直邮模式

作为上海自贸试验区探索贸易便利化的重要举措,"跨境通"在促进跨境电商企业的集聚和发展,为"海淘族"带来全新消费体验方面,其先行先试的创新突破毋庸质疑。而上海在过去相当长的时间里,由电商企业跨境通来运营该公共服务平台,虽然搭建的是跨境电商公共服务平台,但主要是委托企业主导,而"跨境通"公司在发展过程中也逐渐开始从事电商业务,其既是运动员又当裁判员的角色定位颇受争议。

(三)上海跨境电商平台建设

上海跨境电商公共平台于2016年4月正式推出。自贸区已引进民营电商企业和互联网金融平台,改变了国营垄断的"跨境通+东方支付"格局。

上海目前正紧锣密鼓地推进针对跨境电商的"单一窗口"建设,以改变当前的进口、出口分开服务的局面。作为自贸区先行先试的上海,已经开通了针对一般贸易的"单一窗口"。跨境电商的公共服务则被拆分成进口的跨境通和出口的SH9610平台(即"上海市跨境电商出口服务平台")。

跨境电商试点城市——杭州

2015年3月,国务院批准建立中国(杭州)跨境电商综合试验区,这是我国第一个跨境电商综合试验区。2016年1月。国务院常务会议明确提出:将先

行先试的杭州综合试验区初步探索出的相关政策体系和管理制度,向更大范围推广,特别是"六体系两平台"的顶层设计。

(一) 杭州综合试验区的建设成效

1. "关""检""税""汇"政策创新

海关为综合试验区量身定制了更加便捷、高效的监管模式和制度,建立了跨境电商 B2C 和 B2B 监管模式和通关作业流程,便利跨境电商进出境商品高效通关。包括:

(1) 给予企业最大化的通关便利,如"全年(365 天)无休日、货到海关监管场所 24 小时内办结海关手续"等。

(2) 推出跨境零售出口"清单申报"、简化出口商品归类、保税商品"先进区,后报关"、取消关区内转关等举措。

(3) 实现跨境电商全程无纸化通关,信息化管理,运用大数据手段事后稽查。

检验检疫部门建立了负面清单监管制度,在相关环节实行"网上交易管理"负面清单和重点项目监管清单制度。同时,还发布了指定口岸建设、下放事权、产品质量安全风险监测等政策,与海关合作实现了"一次申报、一次查验、一次放行"。

外汇部门在服务跨境 B2C 发展的基础上,试行了"促进跨境电商便利化的八条新政",扩大了支付机构跨境外汇试点业务交易限额,与银行携手推动金融服务创新,为企业国际化打通了通道。

税务部门针对跨境电商零售出口货物,实行一定条件下的"无票免税"政策;提升了跨境电商企业出口退税管理类别;推行了出口退税"无纸化管理",提高了退税效率。

2. 打造杭州综合试验区"单一窗口"综合服务平台

杭州综合试验区"单一窗口"综合服务平台是数据交换枢纽和综合管理服务平台,具有政务服务和商务服务双重功能。杭州综合试验区"单一窗口"综合服务平台的 B2C 和 B2B 政策服务实现了与海关、国检(海关与国检已经在 2018 年 4 月 20 日正式合并)、国税、公安、工商等监管部门的联调对接。

3. 建设跨境电商生态圈

杭州综合试验区已构建了较为完整的产业链和生态圈,完善了园区综合配套服务和生态系统,为跨境电商的发展创造了良好的条件。其中,下城、下沙、空港、临安、余杭、江干、萧山、富阳等园区错位发展,各显优势,协同并进,吸引了敦煌网、大龙网、京东等跨境电商龙头企业落户。杭州跨境电商园区概况参见表 9-1。

表 9-1　杭州跨境电商园区定位

园区名称	园区定位
下城园区	以"跨贸小镇"为特色,推进"产城融合"
下沙园区	我国首个进口业务全覆盖园区
空港园区	打造"跨境电商现代物流中心"
临安园区	以跨境 B2B 为主,着力打造辐射浙西北最重要的跨境电商载体
余杭园区	形成"一区三核、辐射全区"的格局,推动传统外贸企业开展跨境电商
江干园区	突出产业优势和区位优势,建设跨境总部、金融和人才培训中心
萧山园区	充分发挥空港优势、产业优势和平台优势,积极推动以 B2B 一般贸易为重点的园区发展之路
富阳园区	按照"一园多区、核心启动、分期推进、辐射带动"的总体思路,推进传统产业转型升级,新兴业态产业创业创新,以及跨境电商产业链企业招强引优

(二) 杭州综合试验区可供借鉴的经验

1. 构建了"六体系两平台"的顶层设计框架

杭州跨境电商综合试验区构建了"六体系两平台"的顶层设计框架。

"六体系两平台"是指信息共享体系、金融服务体系、智能物流体系、电商信用体系、统计监测体系和风险防范体系,以及线上"单一窗口"综合服务平台和线下"综合园区"平台(参见图 9-3)。

通过构建"六体系两平台",建立以真实交易为基础的电商信用评价体系,对企业或商品实施分类分级监管,简化优化监管流程,并依托大数据的分析应用,提供包括金融、物流在内的供应链综合服务,可以促进跨境电商自由化、便利化、规范化发展。

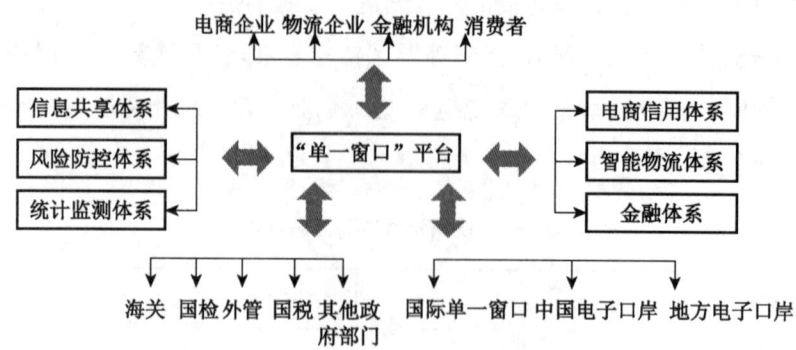

图9-3　杭州"六体系两平台"的顶层设计框架

2. 发展跨境电商B2B新业态

杭州综合试验区推动跨境电商B2B主要有以下两个重点：一是做大做强跨境电商B2B贸易。综合试验区依托浙江的制造业优势，通过与跨境电商B2B平台互动，引导制造型企业和外贸企业"互联网＋外贸"，推动企业重塑生产链、贸易链、价值链，帮助企业拓展国际市场、打造自主品牌、扩大利润空间，成功实现转型升级。二是推动跨境B2C向跨境B2B2C发展。B2B2C可以将一般贸易与电子商务进行最有效的结合，在帮助企业实现自主品牌升级的同时，提升了产品的到岸价和到门价，为企业留出了足够的利润空间。杭州综合试验区通过优化监管服务体系，完善基础设施建设，已帮助部分企业成功转型。

跨境电商试点城市——深圳

2014年9月，深圳市获得海关总署批复，成为全国第七个获得跨境电商进口试点资格的城市。

（一）深圳跨境电商发展成效

1. 跨境电商交易中心建设

2015年，深圳前海湾借助自贸区优势建立了保税展示暨跨境电商交易中心，吸引了华润"e万家"、腾邦"海捣网"前海店和福保店、"开心购"和"星辰电商"、沙头角精茂进口商品展示交易中心("精茂城")、深圳前海(香港)全球商品购物中心等知名跨境电商企业入驻,成功打造了"跨境进口电商＋保税展示交易"的新模式。保税展示暨跨境电商交易中心通过"前店后仓"和 D2C (Designer to Customer)的模式,实现线上跨境电商(行邮税)、线下展示销售(一般贸易)的互通,满足顾客消费体验和快速通关的需要。

2. 跨境电商通关实现单一窗口

深圳搭建了跨境电商通关服务平台,实现跨境电商通关领域"一次录入、多方申报、数据协同"等一站式服务的单一窗口,成为跨境电商企业与监管部门之间的数据交换枢纽。在监管模式上,深圳海关在前海湾保税港区开展"特殊区域出口"和"网购保税进口"模式试点,其中对出口企业和商品实行账册管理;对入区货物实行入区备案、卡口验核、货物暂存等管理方式上的多项制度创新。

3. 跨境交易溯源体系建设

深圳市推出了"跨境电商溯源公共服务平台",构建"风险监测、网上抽查、源头追溯、属地查处、信用管理"的跨境电商产品质量监督机制。该平台于2016 年 5 月起试运行,为跨境电商企业提供二维码溯源服务,即在企业销售的商品上添加了二维码溯源标签,涉及产品类型包括进口婴幼儿奶粉、葡萄酒、海鲜产品、奢侈品等。其中,在跨境电商进口奢侈品上应用溯源二维码技术系全国首创。

4. 跨境电商产业园建设

(1) 线上线下的全方位综合服务。

深圳市已明确在前海自贸区建立"深圳跨境电商综合服务平台",作为深圳跨境电商产业发展重要基础设施的"综服平台"将承担两大任务:一是整合深港地区与跨境电商和外贸发展有关的服务资源(包括商业服务资源和部分政府服务资源),为跨境电商和外贸业发展提供一站式的服务支持;二是建立大数据服务中心,利用大数据、云计算技术,对"通关服务平台"的数据和各商业平台的商家数据进行综合分析,为政府监管和企业经营提供决策咨询服务。

(2) 便捷、阳光的云管理模式。

前海跨境电商产业园区将充分利用身处"自贸区""深港现代服务业合作区"先行先试的优势。

目前前海跨境电商事业部正在配合市政府行业主管部门和各口岸监管部门,以"产业园公共仓(主仓)+跨境电商企业自有仓(分仓)+企业海外仓(分仓)"为核心理念开展跨境电商批量出口全链条解决方案的研究设计。

(3) 智能、低碳的智慧园区。

前海跨境电商产业园区不仅可以为跨境电商产业发展提供有力的支持与保障,更将实现智能、低碳和舒适性。语音识别、面部识别、VR、AR 或将作为园区相关系统的技术应用手段。

5. 金融创新

(1) 跨境双向人民币贷款业务。

前海跨境贷呈现总量大、复制广、双向打通的特点。人民币境外筹资转贷款、跨境股权贷款、跨境银团贷款等新的业务形式不断涌现,形成极具特色的自贸试验区跨境信贷产品体系。

(2) 跨境双向发行人民币债券。

2015 年,前海蛇口片区企业和前海蛇口片区企业境外子公司跨境双向发债的政策打通。

(3) 跨境双向股权投资业务。

境外股权投资方面,2014 年 8 月,国家外汇管理局批复同意深圳合格境内投资者在境外投资试点(QDIE)。

(4) 跨境双向资金池业务优化企业资金全球配置。

前海启动了跨国公司外汇资金集中运营试点和集团内跨境双向人民币资金池业务试点。

(5) 外债宏观审慎管理试点。

2015 年 3 月,前海作为第一批试点地区,在全国率先开展外债宏观审慎管理试点。

(6) 四大离岸业务资格银行抢滩前海。

深圳银监局允许获得离岸银行业务资格的中资商业银行授权前海蛇口自贸片区分行经营离岸业务。

(7) 跨境交易服务人民币业务创新。

工商银行深圳市分行会同香港工银亚洲为前海保险交易中心的跨境保单

续期缴费支付项目设计跨境电商交易模式。中信银行深圳分行与银联易办事以及香港八达通合作推出的"交易八达通"实现了香港人八达通卡跨境充值。

(二)深圳跨境电商交易中心可供借鉴的经验

1. "跨境进口电商＋保税展示交易"新模式

深圳通过保税展示暨跨境电商交易中心通过"前店后仓"和 O2O 的模式，实现线上跨境电商(行邮税)、线下展示销售(一般贸易)的互通，满足顾客消费体验和快速通关的需要。深圳的该项业务主要针对 B2C 进口模式。其他城市可借鉴深圳模式开展"跨境电商＋保税展示交易"，不局限于 B2C 领域，可扩展至 B2B 领域，开拓进出口商品"打样"展示基地。

2. 跨境交易溯源体系

跨境电商商品乃至电子商务商品的质量问题是消费者最为关心的话题。其他城市也可建立跨境电商商品溯源体系，在跨境交易溯源体系建设过程中，可与深圳平台对接，在两个城市间做到信息的互联互通。

3. 金融管理体制创新

各城市的金融建设，可根据深圳已有实践探索经验和可复制模式，开展相应的金融管理体制创新，支撑跨境电商发展。

跨境电商试点城市——郑州

郑州是我国首批跨境电商试点城市中处于内陆地区的两个试点之一，与重庆类似，建立之初郑州试点也有其明确定位——国内唯一利用综合保税监管场所进行跨境电商业务的试点城市。郑州试点 2012 年 12 月获批成立，在 2016 年 1 月又获批成为跨境电商综合试验区。

(一)郑州跨境电商发展成效

1. "三平台七体系"建设

自开展跨境电商综合试验区试点以来，郑州开展了"三平台七体系"建设，

三个平台主要是线上"单一窗口"综合服务平台、线下综合园区发展平台、人才培养和企业孵化平台。七个体系主要是指信息共享体系、金融服务体系、智能物流体系、信用管理体系、质量安全体系、统计监测体系和风险防控体系。

2. 以 B2B 为主要模式

郑州跨境电商综合试验区成功获批后,提出了以扩大出口作为主攻方向逐步规范进口。郑州将 B2B 模式作为发展重点,鼓励企业做大做强,以 B2C 模式作为有益补充,助力小微企业发展。

3. 智能物流体系

郑州综试区正在创新建设"1+9 智能体系",借助大数据和智能物流,将 9 个智能仓库的分拣货物,通过一个查验中心集中查验出区,从而提高分拣、查验、分拨时效,降低物流成本。

4. 航空补贴

郑州是我国的内陆城市,外贸进出口在郑州主要依赖于航空,因此郑州跨境电商的发展离不开当地政府对航空物流业的支持。河南省共制定了 20 条优惠政策,在航线航班补助、市场开拓奖励、机场使用费减免补助、用地保障、融资担保、通关检验、高端人才引进等方面予以支持。

(二) 郑州跨境电商方面可供借鉴的经验

郑州在跨境电商的发展方面,主要依赖于政策的优惠和扶持。其他城市在借鉴郑州经验,对企业进行扶持的时候,可选择重点企业重点扶持,设置较高的补贴门槛,对单个项目加大支持力度,调动企业积极性,尽可能地让政府的补贴资金出成效。

跨境电商试点城市——宁波

宁波也是全国首批跨境电商试点城市。自 2010 年开始,宁波保税区着手打造进口商品市场,已初步形成了保税区内和宁波进口中心近 30 万平方米的进口消费品展示交易平台,引进了会员企业 600 多家,逐步在省内外建成了 10

个直销中心,建成了全国最大的实体进口商品市场。

(一)宁波跨境电商发展成效

1. 宁波跨境电商平台——跨境购

宁波跨境贸易电子商务服务平台跨境购是由宁波国际物流发展有限公司主持运营的,而宁波国际物流发展有限公司又是由宁波市政府、宁波交通投资控股有限公司、宁波海关、宁波国检、宁波港集团、中国电子口岸数据中心宁波分中心等单位共同发起组建的,跨境购平台的服务对象包括外贸电子商务以及跨境贸易电子商务。

2. 创新电商新模式——宁波空港跨境电商"一般进口"模式

"一般进口"模式是指消费者通过备案过的电商网站购买直邮进口商品,货物直接从国外空运入境,经海关、国检口岸部门快速通关后,即可配送至消费者手中。

"一般进口"模式具有商品种类选择多、物流时间短等优势。目前已有顺丰海淘、台湾 86 小铺、郑氏实业有限公司等商家在宁波空港通关平台备案,消费者可在这些商家的网站上买到海外直邮商品。

"一般进口"模式的商品的高效入境,依托于宁波机场现有的航线网络。目前,宁波机场已开通中国香港、中国台湾等全货机航线 6 条,国际(地区)客运航线涵盖港澳台、日韩、新加坡及东南亚地区等 16 个航点,共计 23 条国际(地区)航线。对于港澳台、日韩、东南亚地区的产品,这些航线基本能满足快速直达。美欧等地的货源,可通过香港、台湾等地进行中转。

3. 进口商品的追溯体制

宁波空港的"一般进口"模式跨境电商平台中,所有电商都是经过备案的企业,交易环节的商品信息、支付信息、物流信息等数据将提前通过系统发送至海关国检等口岸部门,商品由国外至国内的相关数据均可查询追溯。商品到达宁波空港后,除少量包裹需要海关国检拆包查验外,其他大部分包裹只要信息完整,即可通关放行,通关效率大大提升。

(二)宁波跨境电商方面可供借鉴的经验

宁波保税区毗邻国际大港口,区位优势明显,同时依托强大的物流系统,率

先探索发展跨境进口模式。宁波电商行业在结合产业的发展和需求的基础上进行探索发展,构建商业模式并不断创新商业业态,其他城市可根据自身空运发展情况发展跨境电商"一般进口"模式,减少物流时间使商品高效入境。

跨境电商试点城市——重庆

重庆作为首批跨境电商试点城市具有其特殊性,重庆试点是最早的全业务试点,兼顾保税进出口和一般进出口业务。借助"渝新欧"国际大通道和重庆水、陆、空运综合物流优势,重庆试点力图打造西部最大的跨境电商进出口物流港,建设成面向俄罗斯和东亚等新兴跨境市场的跨境电商的窗口。

(一) 重庆跨境电商发展成效

1. 唯一具有跨境电商服务四种模式全业务的试点城市

重庆的跨境电商试点特色在于其是全国唯一具有跨境电商服务四种模式全业务的试点城市,即包括一般进口、保税进口、一般出口和保税出口。

2. 海关创新政策

从 2013 年获批成为跨境电商试点城市示范以来,重庆在海关上频出新举措。重庆海关还大力提高科技监管水平,通过推行"全程电子通关"和"汇总纳税、清单验放"作业模式,优化监管流程,取消申报中间环节。

3. 充足的资金支持

国家政策银行也表示了对重庆跨境进口领域的大力支持。为贯彻落实重庆市政府提出的"大力发展新型服务贸易"的政策目标,2015 年 7 月,中国进出口银行重庆分行批准向重庆渝欧跨境电商有限公司发放 1 500 万美元或等值人民币的贷款额度,用于满足其进口商品的资金需求。

(二) 重庆跨境电商方面可供借鉴的经验

重庆制造业在建筑机械、通用航空配件、船用设备、电子仪器仪表等领域皆有国际竞争力。产品具备成本和质量优势,创新能力很强。重庆利用"渝新欧"和中新(重庆)战略性互联互通示范项目等核心优势资源带动传统产业发展跨境电商,同时带动本土企业转型升级。其他城市可借鉴重庆经验,将当地的产业优势与政策优势相结合,在促进当地跨境电商发展的同时,带动当地企业转型升级。

跨境电商试点城市——广州

广州交通发达,依托海运及空运,广州的电商发展具备扎实的基础。在贸易往来中,广州跨境电商的主要对象为欧美及近邻韩日,商品类型上主要是母婴用品、轻奢品、电子产品及机车配件,借助"跨境易"和"21 世纪海洋丝绸之路"两个跨境电商平台,广州模式支持直邮进口、保税进出口以及一般出口业务。

(一) 广州跨境电商平台

跨境易是华南地区第一个国家跨境贸易电子商务服务试点平台。跨境易立足于进口跨境电商服务,集 B2B2C 保税进口、保税仓储、备案申报、国际进口物流、入境清关、国内派送于一体。跨境易由中国邮政速递股份有限公司广东分公司主持运营,与广州海关、广东出入境检验检疫局及广东外管局建立合作关系。跨境易主营业务涉及保税业务、快件业务和直购业务。

"21 世纪海洋丝绸之路"跨境电商平台简称"海丝网",海丝网(http://www.gdmsr.com/)是一个专业的跨境电商平台,支持商家入驻和消费者在线购物。海丝网由广东省政府投资创建,在功能服务上依托于各政府机构的支持。

海丝网设有跨境商城、国家馆、网上展厅三大模块。跨境商城支持各大电商平台、电商卖家及分销商、优质产品供应商(生产型企业)的入驻,除可以直接在海丝网销售商品外,海丝网还为大型平台提供链接入口,为其导入流量。国家馆是对入驻国家的一种介绍和展示,为其国家的旅游风光和商品做宣传,消费者可以经由宣传界面进入位于其他平台的购买界面,在国家馆入驻的未必是国外的机构,有可能是境内的旅行社或者进口跨境电商企业。网上展厅偏向于B2B,入驻企业包括海内外的跨境电商企业,企业可以在展厅放置自己的商品供应信息,有意向的个人或企业可以进行询价和联系,网上展厅的供求信息展

示也是对企业的品牌的宣传。

(二) 线上线下同步运营

2016 年 5 月 1 日,广东自贸区南沙片区首家跨境商品直购体验中心——风信子南沙跨境商品直购体验中心(一期)试业,经营面积达 1 万多平方米。该体验中心是"线下体验中心＋线上购买平台"的 O2O 运营模式,为国内消费者提供全球同步的跨境商品直购体验,是国内首个集合多商家、线上线下同步运营的跨境商品直购平台。目前已有 30 家电商独立入驻经营,上架的进口商品多达万种,涵盖冰鲜、食品、母婴用品、保健品、化妆品、日化用品、箱包、电器、数码产品、箱包等原装进口完税商品和跨境商品,选择可以说相当丰富。

此外,那里还有国内最大进口商品店羽泊。整个店面积为 3 千平方米,进口单品 1.2 万～1.5 万个,羽泊还设置了较大面积的冷冻区,除进口牛肉、海鲜等食品外,甚至还有冰激凌专柜。此外,为了更好地服务消费者,羽泊超市方面不再收取进场费、堆头费。在货源方面,羽泊则加大海外直采,成立自己的采购公司。另外,羽泊通过"换货",将自己有价格优势的商品与其他进口商有价格优势的商品交换。

除了线下体验店,广州还带来了跨境进口电商新模式——进口直购消费展 OPDE(Overseas Products Direct Experience)。它集展览、供应链整合和促销、采购、宣传于一体,为跨境电商搭建与普通消费者、进口贸易商、渠道分销商、政府直接沟通的平台。

跨境电商试点城市——天津

2015 年 9 月 18 日,海关总署下文,经国务院批准,同意天津的跨境电商试点城市申请,天津将同其他跨境电商试点城市统一执行进口税收政策。

天津将跨境电商业务的突破点集中于政策业务创新和信息化手段创新,在创新跨境电商管理制度的同时,致力于电子口岸协调机制的制定和服务平台的建设,力图实现涉及进出口贸易的相关部门与电商企业、支付和物流服务提供商的数据共享,提高跨境效率。

（一）天津跨境电商综合试验区

2016 年 1 月 15 日，国务院发文，批准天津在内的 12 个城市设立跨境电商综合试验区。跨境电商综合试验区将以杭州模式为样本，以"六大体系""两个平台"为主导，因地制宜，重点突出本地特色和优势，探索出更多可复制可借鉴的跨境电商模式。

（二）天津跨境电商服务平台

1. 天津跨境贸易电子商务综合服务平台

天津试点成立时间不长，但在相关的跨境电商平台建设上有全部的部署，目前天津已经建设完成的主要平台为天津跨境贸易电子商务综合服务平台，平台下属有跨境电商公共服务平台、海关监管平台和检验检疫监管平台，这些平台均为从事跨境贸易的企业提供服务。

2. 天津国际贸易单一窗口

同时，为迎合跨境电商综合试验区的建设，天津国际贸易单一窗口也在 2016 年 6 月上线。跨境电商企业单一窗口可以实现一点登录、一次性递交满足海关等口岸监管部门要求的格式化单证和电子信息，将大大提升企业的跨境电商效率。

3. 跨境电商公共服务平台"丝路通"

跨境电商公共服务平台"丝路通"由自贸区武青园搭建，由天津优达通供应链管理股份有限公司管理运营，在跨境出口方面，"丝路通"利用信息化手段，优化通关流程，通过"清单核放、汇总申报"的业务模式，解决小额跨境贸易商务企业存在的难以快速通关、规范结汇以及退税等问题。

在跨境进口领域，"丝路通"全面支持"直邮进口"和"保税进口"的模式，以"快速通关、便捷服务"为目标，引导境内消费者通过"阳光"通道进行跨境网购活动，全程电子化管理并实现商品追溯。

4. 东疆保税港区跨境电商平台

东疆保税港区电子商务平台依托于东疆保税区，为入驻企业和个人消费者提供跨境电商服务，个人可以查询历次的跨境交易记录、交易额度、税额等信

息,方便消费者了解自己的消费状况,入驻的企业也可以方便地查询和办理各项业务,这降低了企业的办事成本,提高了跨境贸易的效率。

(三) 天津跨境电商产业园

天津跨境电商试点的设立时间较短,在产业园的建设方面尚处于早期阶段。不过天津作为国内名列前茅的外贸进出口港,其本身在外贸领域雄厚的基础必然可以为跨境电商带来巨大的支持,而天津跨境电商产业园以及最新的综合试验园的建设都将在原有的保税港、电商产业园、经济区的基础上来进行。

天津滨海新区跨境电商产业园围绕天津港保税区、天津空港经济区、东疆保税区,采取"一区多园"的布局,依托自贸试验区、海关特殊监管区、国家级高新区和电子商务产业园,力图打造一个独具特色的跨境电商综合试验园区。

在跨境电商模式上,三大片区各有侧重,天津港保税区侧重打造跨境电商全供应链一体化服务平台,天津空港经济区侧重航空直邮为主的模式,东疆保税区则以备货模式为发展重点。

重点城市比较分析

杭州、深圳、郑州和上海在跨境电商发展方面存在着明显的异同,各城市的发展战略和方向可参见表9-2。

表9-2 上海、杭州、深圳和郑州跨境电商发展对比分析

	上海	杭州	深圳	郑州
顶层设计		六体系两平台		三个平台、七个体系
公共平台	完善公共服务平台功能,对接国际贸易"单一窗口",健全公共服务平台运营机制,提供配套数据服务	建立"单一窗口"综合监管服务平台,建立备案企业信息共享库,建立信息交换共享机制,提升数据管理服务能力	完善跨境电商通关服务平台功能,提升通关效率和便利化水平,实现一次申报、数据共享、多方监管	丰富完善跨境电商"单一窗口"综合服务平台功能,为监管部门和企业提供备案管理、统计监测、电商信用、风险预警、质量追溯等服务

（续表）

	上海	杭州	深圳	郑州
园区建设	优化园区布局、完善园区功能,促进线上、线下协同发展	"一区多园"布局,建设线下"综合园区"平台	"基地支撑、多区联动",依托深港区域优势建立跨境电商新格局	"立足郑州、梯次推进、带动全省":一区多园、一园多点、多主体运行,多模式发展
配套服务	加快培育企业主体,探索综合金融服务,完善国际物流服务,鼓励综合服务企业提供全产业链服务,推进认证认可制度,培育集聚行业人才,制定产业扶持政策,推动跨境电商行业国际合作,探索建立国际跨境电商的行业标准和国际通用规则	金融服务:外汇支付业务试点,个人贸易外汇管理改革,鼓励跨境人民币结算;物流服务:提高跨境物流的信息化、专业化以及国际化水平;信用管理:建立信用数据库和综合评价体系,实施信用负面清单管理;统计监测:建立统计新模式与统计标准,发布"跨境电商指数";制定规则:开展政策法规创新研究,探索建立国际规则,加强行业国际协作、建立纠纷处置和争议解决机制;人才培养:建立人才培养体系、创业创新支持体系以及人才服务体系	① 推动跨境人民币支付结算,完善企业出口退税类别管理;② 建设经营者主体身份验证、商品信息备案、质量监控以及与国际接轨的知识产权服务体系,建立在线诉讼处理平台、信用信息服务体系,完善跨境统计体系,打造跨境人才高地;③ 建立跨境电商B2B管理新体系;④ 推进深港服务贸易自由化	金融服务:出口退税无纸化,鼓励人民币结算,支持个人电商开立外汇结算账户,开展跨境电商线上融资及担保方式创新试点;物流服务:规划建设一批仓储物流中心,支持企业建立海外营销渠道,提升航空货运能力,建设多式联运监管中心,加快建设邮政国际邮件郑州口岸;信用管理:建设跨境电商信用信息数据库,制定公共信用管理负面清单,鼓励设立"信用风险资金池";统计监测:探索建立跨境电商统计制度,逐步形成跨境电商综合指数体系并定期发布
政府监管	建立跨境电商企业信用等级,推进清单申报通关模式,完善"十检十放",推进企业退税办理无纸化,创新外汇、邮路以及市场监管制度	全面推行便利化通关模式,创新监管流程,建立负面清单监管制度,建立产品质量安全监控制度,探索税收管理规范化便利化,发挥行业组	探索通关全程无纸化监管,推广"入区暂存"监管措施,保税备货进境实施"先入区后报关",公路运输进境实施"跨境快速通关＋先入区	加强关检合作,加强经营主体备案登记管理,探索信息共享机制,简化申报手续,推行无纸通关,建立标准化监管流程,研究全国通关一体化,

（续表）

	上海	杭州	深圳	郑州
		织自治作用	后报关"，探索"直购理货进口"操作模式，研究建立跨境电商检验检疫"放、管、治"三位一体监管制度	建立风险导向型监管模式，制定监管服务权力与责任清单

在各地的跨境电商政策方面，上海缺少制度上的顶层设计；在公共服务平台建设上，上海已完成了跨境电商公共服务平台上线工作，但是平台的服务质量有待提升；在跨境园区的建设上，各城市均把园区建设提上了议事日程；在配套服务方面，上海在政策中提及的配套服务不够具体和明确，没有杭州、郑州的政策可落地性和可执行性强；在政府监管方面，上海的政府监管一直处于优势地位。

附录 A
（资料性附录）相关业务资料

A.1 企业备案资料

企业备案资料见表 A.1。

A.1 企业开户与备案资料

1	企业经营类别	11	电商平台网址
2	组织机构代码	12	业务联系人
3	营业执照编号	13	业务联系人电话
4	企业中文名称	14	业务联系人邮箱
5	经营范围	15	报关单位代码
6	企业法人	16	报检单位代码
7	工商注册地址	17	企业营业执照
8	邮政编码	18	企业质量管理制度
9	企业网址	19	企业质量承诺书声明
10	网店名称		

A.2 商品备案资料

商品备案资料见表 A.2。

A.2 商品备案资料

1	电子口岸持卡人用户编号	5	电商经营（商户）代码
2	电子口岸持卡人用户名称	6	电商经营（商户）企业名称
3	电商平台代码	7	申报企业代码
4	电商平台企业名称	8	申报企业名称

（续表）

9	商品序号	24	供货商企业名称
10	企业商品货号	25	供货商国别
11	商品备案号	26	生产企业名称
12	物品税号	27	生产企业国别
13	海关商品编码	28	适用标准
14	商品名称	29	认证情况
15	规格型号	30	监管类别标志
16	条形码	31	境外食品生产企业注册号
17	品牌	32	企业风险明示标志
18	计量单位	33	商品图片类别
19	币制	34	商品图片名称
20	备案价格	35	商品图片内容
21	品牌原产国	36	商品附件类别
22	法检标志	37	商品附件名称
23	赠品标志	38	商品附件内容

A.3　入仓申请单资料

入仓申请单资料见表 A.3。

A.3　入仓申请单资料

1	主管海关代码	9	申报企业代码
2	主管检验检疫机构代码	10	申报企业名称
3	电子口岸持卡人用户编号	11	业务模式代码
4	电子口岸持卡人用户名称	12	电商账册编号
5	电商平台代码	13	入仓单号
6	电商平台企业名称	14	入仓时间
7	电商经营（商户）代码	15	关联单证类型
8	电商经营（商户）企业名称	16	关联单证号码

（续表)

17	进出口岸代码	26	收件人名称
18	运输方式代码	27	商品备案号
19	运输工具名称	28	批次
20	航次航班号	29	入仓序号
21	提运单号	30	企业商品货号
22	包装种类	31	是否有木质包装
23	毛重(kg)	32	计量单位
24	净重(kg)	33	入库数量
25	发件人名称		

A.4 电子订单资料

电子订单资料见表 A.4。

A.4 电子订单信息所需资料

1	电子口岸持卡人用户编号	14	收货人地址
2	电子口岸持卡人用户名称	15	收货人电话
3	电商平台代码	16	收货人所在国
4	电商平台企业名称	17	优惠金额
5	电商经营(商户)代码	18	优惠信息说明
6	电商经营(商户)企业名称	19	商品序号
7	申报企业代码	20	企业商品货号
8	申报企业名称	21	商品备案号
9	订单编号	22	海关商品编码
10	订单商品货款	23	商品名称
11	订单商品运费	24	规格型号
12	币制代码	25	条形码
13	收货人名称	26	品牌

（续表）

27	计量单位	30	单价
28	币制	31	总价
29	成交数量	32	赠品标志

A.5　电子运单资料

电子运单资料见表 A.5。

A.5　电子运单资料

1	电子口岸持卡人用户编号	17	毛重（kg）
2	电子口岸持卡人用户名称	18	净重（kg）
3	电商平台代码	19	件数
4	电商平台企业名称	20	包裹单信息
5	物流企业代码	21	商品信息
6	物流企业名称	22	收货人名称
7	订单编号	23	收货人所在国
8	物流运单编号	24	收货人地址（省）
9	进出口标记	25	收货人地址（市）
10	运输方式	26	收货人地址（区）
11	运输工具名称	27	收件人地址
12	航次航班号	28	收件人电话
13	提运单号	29	发货人名称
14	运费	30	发货人地址
15	保价费	31	发货人电话
16	币制代码	32	发件人所在国

A.6　支付凭证资料

支付凭证资料见表 A.6。

A.6 支付凭证资料

1	电子口岸持卡人用户编号	8	电商平台代码
2	电子口岸持卡人用户名称	9	电商平台名称
3	支付企业代码	10	支付人姓名
4	支付企业名称	11	支付人证件号码
5	支付交易类型	12	支付金额
6	支付交易编号	13	支付币制
7	订单编号		

A.7 核放单资料

核放单资料见表 A.7。

A.7 核放单资料

1	电子口岸持卡人用户编号	8	出入区日期
2	电子口岸持卡人用户名称	9	出入区日期
3	物流企业代码	10	物品清单号
4	物流企业名称	11	运单号
5	核放单号	12	入仓单号
6	配送车牌号	13	入仓序号
7	出入区标识	14	批次

附录 B
中华人民共和国海关跨境贸易电子商务进出境货物申报清单

清单编号：XXXX-XXXX-I-XXXXXXXXX

订单编号	进/出口口岸代码	进/出口日期	申报日期
报关企业名称	报关企业代码	启运国/运抵国（地区）	指运港代码
收发货人名称	收发货人代码	运费	保费
经营单位名称	经营单位代码	监管场所代码	航班航次号
提(运)单号	运输方式	运输工具名称	包装种类代码
许可证号	件数	毛重（公斤）	净重（公斤）
备注			

项号	海关商品备案编号	商品编码（税号）	商品名称/规格型号	条形码	申报数量/法定数量	申报计量单位/法定计量单位	原产国（地区）/最终目的国（地区）代码	单价	总价	币制

录入员	兹声明以上申报无讹并承担法律责任	海关审单批注及放行日期（签章）
录入单位		
报关员	申报单位（签章）	审单
单位地址	填制日期	查验
电话		放行
邮编		

附录 C
跨境电商企业检验检疫备案申请表

第 1 项——跨境电商企业基本信息
企业名称：
企业法人：
企业注册地址：
企业办公地址：
企业网站地址：
经营范围：
联系人姓名：　　　　　　　　　联系人手机：
性质：□ 电商公共平台　　　□ 电商自用平台　　　□ 电商企业（第 2 项不用填）
第 2 项——跨境电商企业简介、运作模式
第 3 项——跨境电商经营贸易方式、主要产品类别
□ 直邮出口　　　□ 直邮进口　　　□ 网购保税进口　　　□ 其他
主要产品类别：
第 4 项——跨境电商平台名称及网址
平台名称：
平台网址：
第 5 项——质量安全管理制度
□ 质量安全评估制度　　　　　　□ 产品流向溯源管理制度 □ 上线产品审核机制　　　　　　□ 不合格产品处置制度 □ 产品抽检制度　　　　　　　　□ 消费者权益保护制度 □ 缺陷产品召回处置制度　　　　□ 电商企业准入和退出机制 □（其他）　　　　　　　　　　□（其他）

（续表）

上述内容准确无误。   申请企业（盖章） 法人（签字）：　　　　　　　　　　　　申请日期：
园区检验检疫部门意见：   　经办人：　　　　　　　　　　　　负责人：   日期：　　　　　　　　　　　　日期：
电子商务监管处意见：   <div align="center">负责人：</div>日期：
分管局领导意见： 签字：   日期：

附录 D
质量诚信经营承诺书

杭州出入境检验检疫局：

为支持杭州市跨境电商健康发展，共同营造公平、公正、依法、有序的市场环境，本企业郑重承诺如下：

依法从事跨境电商经营活动，遵守我国法律法规和检验检疫部门的有关规定，对社会和公众负责，实施有效的质量安全管理制度，保障产品质量安全，确保上线产品符合我国（或生产国）标准要求，承担销售产品的主体责任，诚实守信，接受社会监督，承担社会责任，履行检验检疫义务，自觉接受检验检疫部门的监督管理，向检验检疫部门进行数据开放并协助相关调查处理。凡违反法律法规和检验检疫部门规定的，本企业自愿接受检验检疫部门按规定作出的相关处理，承担相应责任。

承诺企业：

签 署 人：

签署时间：